밀린다왕문경

밀린다왕문경
(彌蘭陀王問經)

동서사상의 만남 ● 서경수 옮김

민족사

차 례

서 장(序章)

대 론(對論)

1장(章)

논　란(論難)

귀경게(歸敬偈)

그 행위가 모든 세간에
이익을 주는 위대한 성자
부사의한 힘을 지닌
최상의 도사에게 귀의합니다.

그 행이 구족하면서도
출가하여 무상의 깨달음을
얻은 성자가 공경하는
최상의 법에 귀의합니다.

계율행의 공덕을 갖추고
네 가지 과위에 이르며

무상의 복전이 되는
성스러운 승가에 귀의합니다.

이 세 가지 보배에
귀의하므로 복이 생기고
그 위력에 의하여
모든 장애는 끊어졌습니다.

밀린다왕문경은
물음과 대답으로 이루어졌나니
이 경은 그대들에게 복을 주리니
이 오묘한 물음에 귀를 기울이라.

서 장(序章)

종교적 주제가 아닌 세속적 설화

옛날
유명한 수도 사가라의
밀린다왕은
세계에서 저명한 현인 나가세나에게로 갔다.
마치 갠지스강이
보다 깊은 바다로 흘러 들어가듯이.
담론(談論)에 솜씨 있는 왕은

진리의 횃불을 들고
마음의 어두움을 쫓아버린 나가세나에게
―참과 거짓을 가려내는―
여러 가지 점에 대하여
미묘하고 어려운 질문을 했다.
이 질문에 주어진 해답은
듣는 이의 마음을 기쁘게 하고
귀를 즐겁게 하며
신기하고 오묘함을 느끼게 했다.
나가세나의 담론은
수트라(經)의 모든 그물코(網絲)를 이루고
비유와 논증(論證)으로 강하게 반짝이며
비나야(律)와 아비달마(論)의 신비한
심연에까지 스며들었다.
오라, 그대들이여
와서, 그대의 머리를 빛나게 하고
그대의 마음을 기쁘게 하라.

그리고 모든 의심의 실마리를 풀어 주는
이들 미묘한 질문과 해답에 귀를 기울이라.

1. 그리스인의 도시

전설에 의하면, 요나카인(그리스인) 나라에
여러 가지 물건을 교역하는 중심지 사아가라
도시가 있었다. 산수가 수려한 아름다운 지방
이었다. 도시에는 공원과 정원과 작은 숲과 호
수와 연못이 갖추어져 있었고, 산수와 숲이 아
름다운 낙원을 이루었다. 솜씨 있는 기술자가
설계한 도시라 한다.

그리고 모든 적과 반역자들이 추방되었기
때문에 그 곳 사람들은 위험이라곤 전혀 모르
고 살았다. 여러 모양의 튼튼한 망탑(望塔)과
성벽이 있고, 우뚝 솟은 성문과 탑문이 있었다.
한 가운데에 흰 성벽과 깊은 참호로 둘러싸인

국왕의 성채가 보였다. 거리와 광장과 십자로와 장터가 잘 나뉘어져 있고, 상점에는 값비싼 많은 상품이 수북하게 진열되어 있었다.

또 수백 개의 보시당(布施堂)도 화사하게 꾸며져 있고, 수많은 커다란 저택이 히말라야 산 봉우리처럼 늘어서 있었다. 거리는 코끼리와 말과 마차와 보행자들로 붐볐으며, 상냥한 남녀들이 짝을 지어 빈번히 출입하곤 했다.

온갖 신분의 사람들, 즉 크샤트리야(刹帝利 · 王族)와 바라문(婆羅門 · 司祭者)과 바이샤(吠舍 · 平民)와 수드라(首陀羅 · 奴隷)들로 붐볐다. 사람들은 모든 종족의 스승 – 수행자와 바라문 – 을 환대했다. 그리고 도시에는 여러 학파의 지도자들이 많이 왕래했다. 상점에는 카아시이(迦履衣)와 코톰바라에서 짜낸 옷감과 갖가지 의류로 가득했다.

보시당에서는 향내가 흘러 나오고, 온갖 종

류의 꽃과 향의 그윽한 향기가 풍기고 있었다. 눈길을 끄는 많은 재보가 가득 차 있고, 화려한 상품을 진열한 상점들이 늘어서 있었다.

도시는 금·은·구리·보석으로 가득 차 있어 눈부신 보물의 나라와도 같았다. 곡식과 재산과 일용의 물자가 창고에 가득했다. 부유하기로는 울타라쿠루 - 수미산의 북쪽에 있다는 이상향 - 에 비길 만하고 영광스럽기로는 비사문천의 수도인 알라카만다를 닮았다.

지금까지 사아가라 지방에 관한 이야기를 해 왔다. 이제 우리는 두 사람, 즉 밀린다왕과 나가세나의 이야기를 해야겠다. 여섯 가지 항목으로 나누어 이야기 할까 한다.

① 그들의 전생 이야기 ② 밀린다왕의 난문(難問) ③ 특징에 관한 질문 ④ 반론에서 생기는 난제(難題) ⑤ 추리에서 생기는 난제 ⑥ 비유에 관한 논의 등이다. 이 가운데 밀린다왕의

난문은 특징에 관한 질문과 의문을 없애기 위한 문제의 두 가지로 되어 있고, 반론에서 생기는 난제는 긴 대목(大品)과 수행론자에 대한 두 가지로 되어 있다.

2. 전생 이야기

옛날 카아샤파(가섭)[1] 부처가 불법을 펴고 계실 때, 갠지스강 근방에 많은 비구들이 살고 있었다. 계율과 본분을 잘 지키는 비구들이 아침 일찍 일어나, 긴 빗자루를 들고 마음 속으로 부처님의 공덕을 외우며 경내의 청소를 하는 것이 일과의 하나였다. 쓰레기가 모여 산더미처럼 쌓였다.

어느 날, 한 비구가 사미에게 그 쓰레기 더미를 치우라고 말했다. 그러나 사미는 못 들은 척하고 지나가 버렸다. 비구는 그를 아주 고집

센 풋내기로 알고 화를 내며 빗자루로 때렸다. 사미는 감히 거역할 수 없는 두려움 때문에 울면서 그 일을 해치웠다. 그리고 사미는 최초의 발원을 세웠다.

'이 쓰레기를 치우는 공덕으로 열반에 이를 때까지 다시 어디에 태어나든지, 한낮의 태양처럼 커다란 위력과 광채를 갖게 해 주십시오.'

그는 쓰레기를 치우고 갠지스강가로 목욕하러 나갔다. 거기서 그는 강물이 세차게 물결치는 것을 보고 두번째 발원을 세웠다.

'열반에 이를 때까지 다시 어디에 태어나든지 갠지스강 물결이 파도치는 것처럼 척척 대답하는 말재주와 다할 줄 모르는 말재주를 갖게 해 주십시오.'

그런데 비구도 빗자루를 헛간에다 치워 놓고 목욕하러 갠지스 강가를 배회하다가 우연히 그 풋내기 사미가 발원하는 소리를 듣게 되

있다. 그때 그는 마음 속으로 발원을 세웠다.

'열반에 이를 때까지, 어디에 태어나든지 갠지스 강가의 세찬 파도와 같이 다할 줄 모르는 말재주를 갖게 해 주시고, 저 사미가 묻는 하나하나의 질문과 난제를 환하게 풀어줄 수 있는 능력을 갖게 해 주십시오.'

이 두 사람은 천상과 인간계를 윤회하면서, 한 부처의 출현에서 다음 부처의 출현까지의 기간을 지냈다. 그런데 카아샤파 부처에 의하여 이들의 미래는 다음과 같이 예언되었다.

'내가 죽은 오백 년 뒤 두 사람은 다시 이 세상에 태어날 것이다. 그리고 내가 가르친 오묘한 진리와 계율은 두 사람의 문답과 비유의 적용으로 풀기 어려운 실마리가 풀리고 분명하게 될 것이다.'

뒷날 이 두 사람은 예언대로 각기 왕과 비구로 태어났다.

3. 해후(邂逅)

오랜 뒤의 어느 날, 밀린다왕은 사군(象, 馬, 戰車, 步兵)으로 조직된 무수한 병력을 시외에서 사열했다. 사열을 끝낸 뒤 쾌락론자, 궤변론자들과 토론하기를 바란 왕은, 높이 솟은 해를 쳐다보고 나서 시신(侍臣)들에게 말했다.

"날은 아직 훤하다. 이처럼 일찍 시내에 들어간들 무엇하겠는가. 현자든 수행자든 바라문이든 또는 교단이나 학파의 지도자든, 대중의 도사이든 - 심지어 부처라든가 정등각자라고 자칭하는 사람까지도 - 누구든 나와 토론하여 나의 의문을 풀어 줄 사람은 없을까?"

이 무렵 수많은 아라한들이 히말라야 산록의 랏기다라에 모여 나가세나 존자를 만나고자 하였다. 아라한들의 만나고자 하는 전갈을 받은 나가세나 존자는 아라한들 앞에 나타났다. 수많은 아라한들은 나가세나 존자에게 말했다.

"나가세나 존자여, 밀린다왕은 어려운 문제와 반대론을 가지고 질문하여 비구 대중을 괴롭히고 있습니다. 저 밀린다왕을 굴복시켜 주십시오."

"존자들이여, 밀린다왕뿐 아니라 전 인도의 왕들이 나에게 와서 질문하더라도 나는 모든 난문에 대답하여 해결해 보겠습니다. 그대들은 두려워하지 말고 사아가라로 가십시오."

그래서 장로와 비구들은 사아가라로 돌아갔다.

한편, 한 바라문을 난문으로 물리친 밀린다왕은 손뼉을 치며 말했다.

"정말 전 인도는 빈 껍질이다. 정말 왕겨와 같다. 대론하여 나의 의심을 없애 줄 수 있는 출가자나 바라문은 한 사람도 없구나."

그러나 밀린다왕은 주위의 요나카(그리스) 군중들이 아무 두려움 없이 침착해 있는 것을 보고 생각했다.

'아니다. 이 요나카 군중들이 조용히 있는 것을 보면, 틀림없이 나와 대론할 수 있는 박식한 비구가 있을 거야.'

그래서 밀린다왕은 요나카인들에게 물었다.

"신하들이여, 나와 대론하고 나의 의심을 없애 줄 수 있는 다른 박식한 비구가 있는가?"

이때, 나가세나 존자는 비구들을 거느리고 촌락·읍·도시를 탁발하여 돌아다니면서 점차 사아가라에 가까이 오고 있었다. 나가세나 존자는 승단의 지도자요, 가나(제자의 집단)의 우두머리였다.

그의 이름은 세상에 널리 알려져 명성이 높았고, 많은 사람들의 존경을 받고 있었다. 그는 또 현자요 학자이며 지혜가 있고 총명하고 박식하고 교양 있고 자신 있는 수도승이었다.

밀린다왕의 신하 데바만티야는 말했다.

"대왕이여, 잠깐만 기다려 주십시오. 나가세나라는 장로가 오고 있습니다. 그분은 박식하여 유능하고 지혜로우며, 용기 있고 다문(多聞)[2]하며, 담론에 뛰어나고 말솜씨가 시원시원합니다. 부처님의 정신과 가르침을 해설함에 있어서나 이단자를 굴복시킴에 있어 걸림이 없고, 자재한 능력을 가진 아주 훌륭한 사람입니다. 그분은 지금 상케이야 승방에 살고 계십니다. 대왕이여, 그 곳에 가서 그분에게 질문을 해 보십시오. 그분은 대왕과 대론하여 대왕의 의문을 풀어 줄 수 있을 줄로 압니다."

밀린다왕은 나가세나에 대한 말을 듣자, 갑자기 두렵고 불안하여 머리 끝이 오싹했다. 그리고 그는 데바만티야에게 다그쳐 물었다.

"정말 그러한가?"

"대왕이여, 그분은 인드라·마야·바루나·
쿠베라·푸라쟈아파티·수야아마·상투시타
등의 수호신들과, 또 사람들의 조상인 부라흐
마아와도 대론할 수 있습니다. 하물며 사람과
의 대론이겠습니까."

"그러면 데바만티야, 그분에게 내가 찾아뵈
러 간다는 전갈을 보내라."

데바만티야는 왕의 분부대로 전갈을 보냈다.
그리고 나가세나 존자는 와도 좋다는 회답을
했다. 왕은 오백 명의 요나카인을 이끌고 훌륭
한 수레에 올라 거대한 수행원들과 함께 나가
세나 존자가 있는 상케이야 승방으로 갔다.

그때 나가세나 존자는 팔만 명의 비구들과
함께 뜰 안 정자에 앉아 있었다. 밀린다왕은
나가세나 존자와 거기 모인 무리를 멀리서 보
고, 데바만티야에게 물었다.

"데바만티야, 저 큰 모임은 누구의 회상(會

上)인가?"

"대왕이여, 나가세나 존자의 회상입니다."

그때, 밀린다왕은 그 대회중을 멀리 바라보자, 다시 두렵고 불안하기 시작했다. 밀린다왕은 마치 코뿔소에게 포위당한 코끼리와 같이, 가루라새에게 포위당한 용과 같이, 뱀에게 쫓기는 개구리와 같이, 표범에게 쫓기는 사슴과 같이, 고양이를 만난 쥐와 같이, 무당을 만난 악마와 같이, 새장에 갇힌 새와 같이, 그물에 걸린 물고기와 같이, 임종을 맞이한 천자와 같이 부들부들 떨며 두려워하고, 불안해 하다가 공포의 괴로움으로 정신을 잃을 뻔했다.

그러나 적어도 사람들 앞에서 창피를 당하는 것만은 피해야겠다고 정신을 가다듬은 다음 용기를 내어 데바만티야에게 말했다.

"데바만티야, 나에게 어느 분이 나가세나 존자인가를 가르쳐 줄 필요는 없다. 일러 주지 않아도 나는 나가세나 존자를 알아낼 수 있다.”

“그렇습니다. 대왕께서는 틀림없이 그를 알아보실 것입니다.”

나가세나 존자는 비구들 가운데서 앞쪽에 앉은 4만 명의 비구보다 젊고, 뒤쪽에 앉은 4만 명의 비구보다 연장이었다. 밀린다왕은 멀리서 앞자리와 뒷자리와 중앙에 앉은 모든 비구의 무리를 둘러보고, 나가세나 존자가 바로 중앙에 앉아 있음을 알았다.

왕은 두려움이나 놀람이 없고, 공포와 전율이 전혀 없는 모습을 보고, 그분이 나가세나 존자임을 알아 차렸다. 왕은 데바만티야에게 저 분이 바로 나가세나 존자이냐고 물었다.

“그렇습니다. 대왕이여, 저 분이 바로 나가세나 존자입니다. 대왕께서는 나가세나 존자를 잘 알아 보셨습니다.”

왕은 남이 가르쳐 주지 않아도 스스로 나가

세나 존자를 알아보았음을 기뻐했다. 그러나
밀린다왕은 나가세나 존자를 보자마자, 두렵고
얼떨떨하고 또 불안해졌다. 이때의 정경을 읊
은 시는 다음과 같다.

현명하고 청정하며,
가장 훌륭하고 유감없이 자신을 잘 다스리는
나가세나 존자를 보고,
밀린다왕은 이렇게 말했도다.
많은 논사를 만났고,
많은 대론을 해 보았으나
오늘처럼 놀람과 두려움으로
마음을 압도당한 일은 결코 없었다.
아마도 오늘은 내가 패배하고
승리는 나가세나 존자에게 갈 것이다.
내 마음은 몹시 불안하도다.

대　론(對論)

✽ 1장(章)

1. 이름에 관한 문답

밀린다왕은 나가세나 존자가 앉아 있는 곳으로 갔다. 가까이 가서 공손히 예배드린 다음, 다정하고 정중하게 인사말을 나누고, 예의 바르게 한편에 비켜 앉았다. 나가세나 존자도 답

레로써 왕의 마음을 기쁘게 했다.

밀린다왕은 나가세나 존자를 향해 질문을 시작했다.

"존자는 어떻게 하여 세상에 알려졌습니까. 그대의 이름은 무엇이라고 합니까?"

"대왕이여, 나는 나가세나라고 알려져 있습니다. 나의 동료 수행자들은 나를 나가세나라 부르고 있습니다. 그러나 부모는 나에게 나가세나(龍軍), 수우라세나(勇軍), 비이라세나(雄軍), 시잉하세나(獅子軍)라는 이름을 붙여 주었습니다. 그렇지만 나가세나라는 이름은 명칭·호칭·가명·통칭에 지나지 않습니다. 거기에 인격적 개체 - 즉 육체 속에 있는 영원 불변한 것 - 는 인정할 수 없는 것입니다."

그때 밀린다왕은 오백 명의 요나카인과 팔만 명의 비구에게 말했다.

"나가세나 존자는 '이름 속에 내포된 인격적

개체는 인정할 수 없다'고 말합니다. 지금 그 말을 믿을 수 있겠습니까?"

그리고 다시 왕은 나가세나 존자를 향해 질문했다.

"나가세나 존자여, 만일 인격적 개체를 인정할 수 없다고 한다면 그대에게 의복과 음식과 침대와 질병에 쓰는 약물 등 필수품을 제공하는 자는 누구입니까. 또 그것을 받아서 사용하는 자는 누구입니까. 계행을 지키는 자, 수행에 힘쓰는 자, 수도한 결과 열반에 이르는 자, 살생을 하는 자, 남의 것을 훔치는 자, 세속적인 욕망때문에 바르지 못한 행위를 하는 자, 술을 마시는 자는 누구입니까. 또 무간지옥(無間地獄)[3]에 떨어질 다섯 가지 역죄[4]를 짓는 자는 누구입니까. 만일, 인격적 개체가 없다고 한다면 공도 죄도 없으며, 선행과 악행의 과보도 없을 것입니다. 존자여, 설령 그대를 죽이는 자가 있더라도 살생의 죄는 없을 것입니다. 따라서 그대의 승단에는 스승도, 계를 가르치고 전해 주는 스승도, 비구의 계도 없다는 결론이 나옵니다. 그대는 말하기를 '승단의 수행 비구들은 나를 나가세나라 부르고 있다'고 하였습니다. 그렇다면 나가세나라고 불리는 것은 대체 무엇입니까. 존자여, 머리털이 나가세나라는 말씀입니까?"

"대왕이여, 그런 말씀이 아닙니다."

"그렇지 않다면 그대의 몸에 붙은 털이 나가세나라는 말씀입니까?"

"그렇지 않습니다."

"그렇지 않다면 손톱·살갗·살·힘줄·뼈·뼛골·콩팥·염통·간장·늑막·지라·폐·창자·위·똥·담즙·담·고름·피·땀·굳은 기름(脂肪)·눈물·기름·침·콧물·관절 속의 액체·오줌·뇌들 중, 그 어느 것이 나가세나라는 말씀입니까. 아니면 이들 전부가 나가세나라는 말씀입니까?"

나가세나 존자는 그 어느 것도, 그것들 전부도 아니라고 대답했다.

"그렇다면 존자여, 물질적인 형태(色)나, 느끼는 작용(受)이나, 표상의 작용(想)이나, 형성하는 작용(行)이나, 식별하는 작용(識)이 나가세나입니까?"

존자는 그 어느 것에 대해서도 아니라고 대답했다.

"그렇다면 이들 색·수·상·행·식을 모두 합친 것(五蘊)이 나가세나라는 말씀입니까?"

"아닙니다. 대왕이여."

"그러면 오온을 제외한 어떤 것이 나가세나입니까?"

나가세나 존자는 여전히 아니라고 대답했다.

"존자여, 나는 그대에게 물을 수 있는 데까

지 다 물어 보았으나, 나가세나를 찾아낼 수 없었습니다. 나가세나란 빈소리에 지나지 않습니다. 그렇다면 우리 앞에 있는 나가세나는 어떤 자입니까. 존자여, 그대는 '나가세나는 존재하지 않는다'고 진실이 아닌 거짓을 말씀하였습니다."

그때 나가세나 존자는 밀린다왕에게 반문했다.

"대왕이여, 그대는 귀족 출신으로 호화롭게 자랐습니다. 만일 그대가 한낮의 더위에 맨발로 뜨거운 땅이나 모래밭을 밟고 울퉁불퉁한 자갈 위를 걸어 왔다면 발을 상했을 것입니다. 몸은 피로하고 마음은 산란하여 온몸에 고통을 느낄 것입니다. 도대체 그대는 걸어서 왔습니까 아니면 탈 것으로 왔습니까?"

"존자여, 나는 걸어서 오지 않았습니다. 수레를 타고 왔습니다."

“대왕이여, 그대가 수레를 타고 왔다면 무엇이 수레인가를 설명해 주십시오. 수레의 채(轅)가 수레입니까?”

“그렇지 않습니다.”

“굴대(軸)가 수레입니까?”

“그렇지 않습니다.”

“바퀴(輪)나, 차체(車體)나, 차틀(車棒)이나, 멍에(軛)나 밧줄이나 바큇살(輻)이나 채찍(鞭)이 수레입니까?”

왕은 이들 모두를 아니라고 대답했다.

“대왕이여, 나는 그대에게 물을 수 있는 데까지 다 물어 보았으나 수레를 찾아낼 수 없습니다. 수레란 단지 빈소리에 지나지 않습니다. 그렇다면 그대가 타고 왔다는 수레는 대체 무엇입니까. 그대는 ‘수레는 존재하지 않는다’고 진실이 아닌 거짓을 말씀한 셈이 됩니다. 그대는 전 인도에서 제일가는 임금님입니다. 무엇이 두려워 거짓을 말씀했습니까.”

이렇게 물은 다음 나가세나 존자는 오백 명의 요나카인과 팔만 명의 비구들에게 말했다.

“밀린다왕은 여기까지 수레로 왔다고 말씀했습니다. 그러나 어떤 것이 수레인가 설명해 달라는 질문을 했을 때, ‘이것이 수레이다’라고 단정적인 주장을 내세울 수 없었습니다. 그대들은 대왕의 말씀을 믿을 수 있겠습니까?”

이 말을 듣고 오백 명의 요나카인은 왕에게 말했다.

“대왕이여, 말씀해 보십시오.”

그래서 밀린다왕은 존자에게 다시 말했다.

“존자여, 나는 거짓말을 한 것이 아닙니다. 수레는 이들 모든 것, 즉 수레채 · 굴대 · 바퀴 · 차체 · 차틀 · 밧줄 · 멍에 · 바큇살 · 채찍 따위를 가지고 있기 때문에, 그것들에 반연(攀

緣)하여 '수레'라는 명칭이나 통칭이 생기는 것입니다."

"그렇습니다. 대왕께서는 '수레'라는 이름을 바로 파악하였습니다. 마찬가지로 그대가 나에게 질문한 모든 것, 즉 인체가 만들어 내는 서른세 가지 물질과 존재의 다섯 가지 구성요소(五蘊)를 반연하여 '나가세나'라는 명칭이나 통칭이 생기는 것입니다. 대왕이여, 바지라 비구니는 세존 앞에서 이 같은 시구를 읊은 일이 있습니다."

마치 여러 부분이 모이므로
수레라는 말이 생기듯
다섯 가지 구성 요소가
존재할 때
생명 있는 존재(有情)라는 이름도 생기노라.

"훌륭하십니다. 존자여, 정말 희귀합니다. 내가 그대에게 한 질문은 매우 어려웠습니다만 훌륭하게 대답하였습니다. 만일 부처님께서 여기에 계신다면 그대의 대답을 입증하실 것입니다. 잘 말씀하였습니다. 존자여, 정말 잘 말씀하였습니다."

2. 나이에 관한 문답

"존자여, 그대는 출가하여 비구가 된 지 몇 년이 되었습니까?"

"대왕이여, 일곱입니다."

"존자여, 그대가 말씀한 일곱이란 무엇을 말한 것입니까. 그대가 일곱이란 것입니까. 아니면 숫자가 일곱이란 것입니까?"

바로 그때 온몸을 화려하게 장식한 왕의 그림자가 땅과 물항아리 속에 비쳤다. 존자는 왕에게 말했다.

"대왕이여, 그대의 그림자가 땅 위와 물항아리 속에 비쳤습니다. 도대체 그대가 왕입니까? 아니면 저 그림자가 왕입니까?"

"존자여, 내가 왕입니다. 그림자는 나로 인하여 생긴 것입니다."

"대왕이여, 마찬가지로 법랍(法臘)의 햇수가 일곱이라는 것이요, 내가 일곱인 것은 아닙니다. 대왕이여, 그대의 그림자 경우처럼, 나로 인하여 일곱이 생긴 것입니다."

"훌륭하십니다. 존자여, 정말 희귀합니다. 나의 질문은 아주 어려웠는데 훌륭하게 해답하였습니다."

3. 장로의 엄중한 약속(대화를 성립시키는 근거)

왕은 말했다.

"존자여, 나와 다시 대론하시겠습니까?"

"대왕이여, 만일 현자로서 대론을 원한다면 나는 그대와 대론하겠습니다. 그러나 만일 왕자로서 대론을 원한다면 나는 그대와 대론하지 않겠습니다."

"존자여, 현자로서 대론한다 함은 어떻게 하는 것입니까?"

"대왕이여, 대체로 현자의 대론에 있어서는 문제가 해명되고 비판받고 수정받고 반박받지만, 그것으로 성내는 일이 없습니다. 대왕이여, 현자는 진정 이렇게 대론합니다."

"또 왕자로서 대론한다 함은 어떻게 하는 것입니까?"

"대왕이여, 왕자들은 대개 대론에 있어서 한 가지 일을 주장하고, 한 가지 점만을 밀고 나가며, 만일 그 일과 그 점에 따르지 않으면 '이 사람에게는 이러이러한 벌을 주어라'라고 명령

합니다. 대왕이여, 왕자는 바로 이렇게 대론합
니다."

"좋습니다. 나는 왕자가 아니라 현자로서 대
론하겠습니다. 존자께서는 마치 비구나 사미나
신도나 정원사와 대론하는 것처럼 마음놓고
거리낌없이 자유롭게 대론해 주십시오. 조금도
염려 마시길 바랍니다."

"대왕이여, 좋습니다."

존자는 쾌히 동의했다.

이렇게 해서 두 사람은 동서의 예지가 불꽃
튀기는 대론을 시작한다. 그 첫 대론은 참으로
기발한 대화이다. 그것은 팽팽한 활시위와 같
이 긴장감을 불러일으킨다. 그러나 위대한 명
작의 막이 오르기 전의 예고와 같은 전조(前兆)
의 대화는 아주 짧다.

"존자여, 나는 이미 질문했습니다."

"대왕이여, 나는 벌써 대답했습니다."

“그대는 무엇을 대답하였습니까?”

그러나 곧 밀린다왕은 이렇게 생각했다.

‘이 비구는 위대한 현자다. 정말 나와 대론할 수 있다. 나는 그에게 물을 것이 많다. 그에게 모든 것을 묻기 전에 해는 서쪽으로 질 것이다. 그렇다면 나는 내일 궁정에서 대론함이 좋을 것이다.’

그래서 왕은 데바만티야에게 말했다.

“데바만티야여, 그대는 존자에게 내일 대론은 궁정에서 하자고 알려라.”

밀린다왕은 나가세나 존자에게 작별인사를 마치고 말에 올라 ‘나가세나, 나가세나’를 외우면서 돌아갔다. 데바만티야는 존자에게 그 전갈을 아뢰었다. 존자는 그 제의를 즐겁게 받아들였다.

다음 날 아침 일찍, 데바만티야와 아난타카야와 만쿠리와 삿바딘나는 밀린다왕에게 가서 이렇게 아뢰었다.

"대왕이여, 나가세나 존자가 오늘 오십니까?"

"그렇다, 그분은 오늘 오실 것이다."

"그분은 얼마나 많은 비구들과 함께 오십니까?"

"그분이 원하는 만큼 많은 비구들과 함께 오실 것이다."

삿바딘나는 왕에게 말했다.

"그분더러 열 사람의 비구만을 데리고 오시라 하십시오."

왕은 삿바딘나에게 다시 말했다.

"모든 준비는 다 되었다. 몇 사람이든 그분이 원하는 만큼 많은 비구와 함께 오시라고 하여라."

삿바딘나는 왕에게 거듭 말했다.

"그분더러 열 사람만 데리고 오라고 하십시

오.”

“만반의 준비가 되어 있다. 거듭 말하나니 몇 사람이든 그분이 원하는 만큼 많은 비구와 함께 오시라고 하여라. 삿바딘나는 나의 뜻을 어기고 사람 수를 제한하려 하는구나. 그렇게 되면 내가 비구들에게 음식을 공양할 수 없는 것으로 그분이 생각하지 않겠는가?”

이 말을 듣고 삿바딘나는 무안해 했다.

4. 아난타카야의 영혼에 관한 문답

데바만티야와 아난타카야와 만쿠라는 존자에게 가서 ‘밀린다왕은 얼마든지 그대가 원하는 만큼 많은 비구와 함께 오시라고 하십니다’고 전했다.

존자는 그날 오전에 장삼을 입고 발우와 가사를 손에 들고서 팔만 명의 비구와 함께 사아

가라로 떠났다. 아난타카야가 존자에게 가까이
가 물었다.

"존자여, 제가 나가세나라고 말할 때, 그 나
가세나란 무엇입니까?"

장로는 대답했다.

"그대는 나가세나를 무엇이라고 생각하는
가?"

"들이쉬고 내쉬는 숨이 나가세나라고 생각
합니다."

"만일 나간 숨이 돌아오지 않거나 들어온 숨
이 나가지 않는다면, 그 사람은 살아 있을 수
있겠는가?"

"존자여, 그렇지 않습니다."

"나팔 부는 사람이 나팔을 불 때 그가 내쉰
숨이 다시 그에게로 돌아오는가?"

"아닙니다. 존자여, 그렇지 않습니다."

"피리 부는 사람이 피리를 불 때 그가 내쉰

숨이 다시 그에게로 돌아오는가?”

“아닙니다. 존자여.”

“그렇다면 그들은 왜 죽지 않는가?”

“저는 그대 같은 논자와는 논의할 수 없습니다. 존자여, 그 뜻이 어떠한가를 말씀해 주십시오.”

“호흡에는 영혼이 없다. 들이마시는 숨과 내쉬는 숨은 신체 구조의 계속적인 활동에 지나지 않는다.”

장로는 대답했다. 그리고 그에게 논을 설명해 주었다. 그 결과 아난타카야는 승단의 시주가 되겠다고 서약했다.

5. 출가의 목적

나가세나 존자는 밀린다왕의 궁정에 이르러 미리 마련된 자리에 앉았다. 왕은 존자와 함께

온 비구들 모두에게 음식과 옷을 공양하였다. 식사가 끝나자, 왕은 존자와 비구 열 사람만 남기고 나머지 사람은 돌아가도록 하였다. 자리가 정돈되자 왕은 물었다.

"존자여, 무엇에 관해 대론하시겠습니까?"

"우리는 진리에 이르기를 바라고 있습니다. 진리에 관해서 대론하면 어떻겠습니까?"

왕은 물었다.

"존자여, 그대가 출가한 목적은 무엇입니까? 또 그대의 최고 목적은 무엇입니까?"

장로는 대답했다.

"우리가 출가한 목적은 괴로움을 없애고, 다시는 괴로움이 생기지 않도록 하는 데 있습니다. 세속에 대한 집착이 없고 완전히 해탈하는 것이 최고의 목적입니다."

"존자여, 비구들 모두가 그와 같은 고상한 목적을 가지고 출가했습니까?"

　"대왕이여, 실은 그렇지 않습니다. 어떤 사람은 그런 목적으로 출가했습니다만, 어떤 사람은 폭군에 대한 공포때문에, 어떤 사람은 도둑들의 공격을 피하기 위하여, 또 어떤 사람은 생활 수단으로 출가했습니다."

　"존자여, 그대는 무슨 목적으로 출가하였습니까?"

　"대왕이여, 실은 나는 어려서 출가했습니다. 그러므로 그때 나는 궁극적인 목적은 몰랐습니다. 그러나 나는 이렇게 생각했습니다. '이들 사문은 현자이다. 이분들은 나를 공부시켜 줄 것이다'라고. 그리고 나는 그분들에게서 배웠기 때문에 지금은 출가하는 목적과 자제하는 이익이 무엇인가를 알았습니다."

　"잘 알겠습니다, 존자여."

2장

1. 무아설(無我說)은 윤회의 관념과 모순 되지 않는다

왕은 물었다.

"존자여, 다시 태어난 자와 죽어 없어진 자는 동일합니까? 또는 다릅니까?"

"동일하지도 않고, 다르지도 않습니다."

"비유를 들어 주십시오."

"대왕이여 그대는 어떻게 생각합니까. 그대는 일찍이 갓난 애였고 유약한 애였고 꼬마였고 등에 업혀 있었습니다. 어릴 적 그대가 어른이 된 지금의 그대와 같습니까?"

"아닙니다. 어릴 적 나와 지금의 나와는 다릅니다."

"만일 그대가 그 어린애가 아니라면 그대는
어머니도 아버지도, 또 선생도 없었다는 것이
됩니다. 학문이나 계율이나 지혜도 배울 수 없
었다는 것이 됩니다. 대왕이여, 잉태 후 첫 칠
일 동안의 어머니와, 셋째 칠일 동안의 어머니
와, 넷째 칠일 동안의 어머니가 다릅니까? 어
릴 적 어머니와 어른이 되었을 적 어머니가 다
릅니까? 죄를 범한 자와 죄를 지은 벌로 손발
이 잘린 자가 다릅니까?"

"그렇지 않습니다. 그런데 존자여, 무엇 때문
에 그런 말씀을 하십니까?"

장로는 대답했다.

"내 자신은 등에 업힌 연약한 갓난 아이적의
나와 어른이 된 지금의 나와 같습니다. 모든
상태는 이 한 몸에 의하여 하나로 포괄되어 있
기 때문입니다."

"비유를 들어 주십시오."

    "여기 어떤 사람이 불을 켠다고 합시다. 그 등불은 밤새도록 탈 것입니까?"
    "그렇습니다. 밤새도록 탈 것입니다."
    "그런데 대왕이여, 초저녁에 타는 불꽃과 밤중에 타는 불꽃이 같겠습니까?"
    "아닙니다."
    "그렇다면 초저녁의 불꽃과 밤중의 불꽃과 새벽의 불꽃은 각각 다르겠습니까?"
    "그렇지도 않습니다. 불꽃은 똑같은 등불에서 밤새도록 탈 것입니다."
    "대왕이여, 인간이나 사물의 연속[5]은 꼭 이와 같이 지속됩니다. 생겨나는 것과 없어지는 것은 별개의 것으로 보이지만 지속(순환)되는 것입니다. 이리하여 존재는 동일하지도 않고 상이하지도 않으면서, 최종 단계의 의식으로 포섭되는 것입니다."
    "다시 한 번 비유를 들어 주십시오."

"대왕이여, 우유가 변하는 경우와 같습니다. 짜낸 우유는 얼마 후엔 굳은 우유가 되고, 다음에는 버터 기름으로 변해갑니다. 만일 우유가 굳은 우유나 버터나 버터 기름과 똑같다고 하는 사람이 있다면, 대왕은 그 말이 옳다고 하겠습니까?"

"아닙니다. 옳지 않습니다. 그러나 그것들은 우유로부터 만들어진 것입니다."

"대왕이여, 인간이나 사물의 연속은 꼭 그와 같습니다. 생겨나는 것과 없어지는 것은 별개의 것이지만, 서로 앞서거나 뒤지지 않고 동시에 지속됩니다. 이리하여 모든 존재는 동일하지도 않고 상이하지도 않으면서, 최종 단계의 의식으로 포섭되는 것입니다."

"잘 알겠습니다. 존자여."

2. 윤회[6]에 관하여

왕은 물었다.

"존자여, 저 세상에 다시 태어나지 않을 사람은 그것을 알고 있습니까?"

"대왕이여, 그렇습니다."

"그 사람은 어떻게 그것을 압니까?"

"저 세상에 태어날 원인, 즉 인과 연이 정지하므로 저 세상에 다시 태어나지 않음을 압니다."

"비유를 들어 주십시오."

"대왕이여, 한 농부가 땅을 갈고 씨를 뿌려 곡식을 가꾸어 창고에 채워 둔 후, 얼마 동안은 땅을 갈아 씨를 뿌리지 않고 저장되어 있는 곡식을 먹거나 다른 물품과 바꾸거나, 또 필요할 때 쓰기도 하면서 살아간다고 합시다. 대왕이여, 그 농부는 이제 창고에 곡식이 가득 차 있지 않음을 알고 있습니까?”

“그렇습니다. 응당 알고 있을 것입니다.”

“어떻게 하여 그는 그것을 알고 있습니까?”

“창고를 채우는 인과 연이 정지함에 의하여 알고 있습니다.”

“대왕이여, 그대 말씀과 꼭 같습니다. 저 세상에 다시 태어날 인과 연이 정지함에 의하여 사람은 저 세상에 다시 태어나지 않음을 압니다.”

“잘 알겠습니다. 존자여.”

3. 해탈하면 지식은 없어지는가?

왕은 물었다.

“존자여, 지식을 가진 자는 지혜도 가집니까?”

“그러합니다. 대왕이여.”

“지식과 지혜는 둘 다 같은 것입니까?”

“그러합니다.”

“그렇다면 지식과 함께 지혜를 가진 사람은 당혹하는 일이 있습니까? 또는 없습니까?”

“어떤 일에 대해서는 미혹하고, 어떤 일에 대해서는 당혹하지 않습니다.”

“어떤 일에 대해서는 당혹합니까?”

“아직 익히지 않은 기술의 영역이나 아직 가 본 적이 없는 지방이나 아직 들어 보지 못한 명칭과 용어 등에 대해서는 당혹할 것입니다.”

“어떤 일에 대해서는 당혹하지 않습니까?”

“통찰에 의하여 달관한 것, 즉 무상이라든가 고(苦)라든가 무아라고 하는 것들에 대해서는 당혹하지 않을 것입니다.”

“그렇다면 깨친 사람의 어리석음은 어떻게 됩니까?”

“지혜가 생기자마자 곧 어리석음은 사라져

버립니다."

"비유를 들어 주십시오."

"사람이 어두운 방 안으로 등불을 가져왔을 때 어둠이 사라지고 곧 밝음이 나타나는 것과 같습니다."

"존자여, 그렇다면 지혜는 어디로 갑니까?"

"지혜는 자신의 해야 할 일을 성취하자마자 곧 사라집니다. 그러나 지혜에 의하여 성취된 무상이라고 알며, 고라고 알며, 무아라고 아는 깨달음은 없어지지 않습니다."

"존자여, 지금 말씀에 대하여 비유를 들어 주십시오."

"어떤 사람이 한밤중에 서기더러 등불을 밝혀 편지를 쓰게 한 다음, 등불을 끄는 경우와 같습니다. 이 경우 등불은 꺼져도 편지는 없어지지 않습니다. 마찬가지로 지혜는 사라지지만 지혜에 의하여 성취된 무상·고·무아에 대한 깨달음은 없어지지 않습니다.”

“다시 한 번 비유를 들어 주십시오.”

“동쪽 어느 시골에는 집집마다 다섯 개의 물병을 준비해 두었다가 화재가 나면 끄는 풍속이 있습니다. 사람들은 집에 불이 나면 그 다섯 개의 물병을 집어 던져 불을 끈다고 합니다. 불이 꺼진 다음에도 그 사람들은 물병을 계속 사용하려고 생각하겠습니까?”

“아닙니다, 존자여, 물병들은 이제 소용이 없습니다. 불을 끈 다음에 물병이 무슨 소용이 있겠습니까?”

“대왕이여, 다섯 개의 물병은 다섯 개의 뛰어난 수행력, 즉 신행·정진·전념·정신통일·지혜와 같고, 시골 사람들은 수행자와 같으며, 불은 번뇌와 같습니다. 다섯 개의 물병으로 불을 끄는 것과 같이 다섯 개의 수행력에 의하여 모든 번뇌의 불을 끕니다. 이리하여 이

미 없어진 번뇌는 두 번 다시 일어나는 일이
없습니다.”

“또 비유를 들어 주십시오.”

“의사가 약초로 만든 다섯 가지 약을 환자에
게 먹여 병을 낫게 했다고 합시다. 이 경우 병
이 나은 후에도 의사는 그에게 약의 효과를 보
이려고 생각하겠습니까?”

“아닙니다. 약은 이제 할 일을 다했습니다.
병이 나은 사람에게 약이 무슨 소용이 있겠습
니까?”

“대왕이여, 꼭 그와 같습니다. 다섯 가지 약
은 뛰어난 다섯 가지 수행력이며, 의사는 수행
자이며, 병은 번뇌이며, 환자는 범부와 같습니
다. 다섯 가지 약에 의하여 병이 낫는 것처럼
뛰어난 다섯 가지 수행력에 의하여 모든 번뇌
는 없어지며, 지혜는 사라지지만 성취된 깨달
음은 없어지지 않습니다.”

“또 비유를 들어 주십시오.”

“용감한 병사가 싸움터에 나가 다섯 개의 화살을 쏘아 적을 물리쳤다고 합시다. 용사는 그 이상 화살을 계속 쏠 필요가 있겠습니까?”

“아닙니다. 화살을 쏘아야 할 일은 이미 다 했습니다. 무엇 때문에 더 필요가 있겠습니까?”

“대왕이여, 그와 같습니다. 다섯 개의 화살에 적군이 격파되는 것처럼 다섯 개의 뛰어난 수행력에 의하여 모든 번뇌가 타파되고, 타파된 번뇌는 두 번 다시 일어나는 일이 없습니다. 이같이 지혜는 할 일을 마치자마자 곧 없어지지만, 그 지혜에 의하여 성취된 무상과 고와 무아에 대한 깨달음은 없어지지 않습니다.”

“잘 알겠습니다. 존자여.”

4. 해탈한 사람도 육체적 고통을 느끼는가?

왕은 물었다.

"나가세나 존자여, 저 세상에 태어나지 않을 사람도 괴로움을 느끼며 받습니까?"

존자는 대답했다.

"어떤 괴로움은 느끼고, 어떤 괴로움은 느끼지 않습니다."

"어떤 것을 느끼고, 어떤 것을 느끼지 않습니까?"

"대왕이여, 육체적인 고통은 느끼지만 정신적인 고통은 느끼지 않습니다."

"어찌하여 그러합니까?"

"대왕이여, 육체적인 고통의 인(因)과 연(緣)은 계속하기 때문에 느끼지만, 정신적인 고통의 인과 연은 끝나기 때문에 느끼지 않습니다. 세존께서는 '한 가지 괴로움, 즉 육체적인 괴로

움만을 느끼며, 정신적인 괴로움은 느끼지 않
는다'고 말씀하셨습니다."

　"존자여, 그렇다면 그 사람 - 육체적인 괴로
움만을 느끼는 해탈한 사람 - 은 왜 완전한 열
반에 들지 않습니까?"

　"대왕이여, 아라한은 사랑하고 좋아하거나
싫어하고 미워하는 일이 없습니다. 그는 익지
않은 과일 - 몸 - 을 흔들어 떨어뜨리지 않고
익기를 기다립니다. 대왕이여, 이것을 사리 불
장로는 이렇게 읊었습니다."

　　나는 죽음을 환영하지도 않으며
　　삶을 환영하지도 않는다.
　　품팔이가 품삯을 기다리는 것처럼 나는
　　 - 다가 올 - 때를 기다린다.
　　나는 죽음을 바라지도 않으며
　　삶을 바라지도 않는다.

바로 알고(正知), 바로 생각하며(正念),
나는 때가 오는 것을 기다린다.

게송을 들은 왕은 말하였다.
"잘 알겠습니다. 존자여."

5. 감각이 성립하는 근거

왕은 물었다.
"존자여, 쾌감은 선입니까? 악입니까? 아니
면 무기(無記)[7]입니까?"
"그것은 선일 수도 있고 악일 수도 있으며,
또 무기(無記)일 수도 있습니다."
"그러나 존자여, 만일 선이 괴로움도 아니요
또 괴로움이 선도 아니라면, 선인 동시에 괴로
움이란 것은 일어날 수 없겠습니다."
"대왕이여, 어떻게 생각합니까? 여기 어떤

사람이 한 손에 뜨거운 쇠붙이를 잡고, 또 한 손에 차가운 얼음덩이를 갖고 있다고 한다면, 그 사람은 양 손이 다 아프겠습니까?"

"그러합니다. 양 손이 다 아플 것입니다."

"양 손 다 뜨겁겠습니까?"

"그렇지 않습니다."

"그렇다면 그대는 잘못 알고 있습니다. 만일 뜨거움이 아프게 한다면 양 손 다 뜨거운 것이 아니므로 고통은 뜨거움에서 생길 수 없으며, 또 만일 차가움이 아프게 한다면 양 손 다 차가운 것이 아니므로 고통은 차가움에서 생길 수 없습니다. 대왕이여, 그렇다면 어찌하여 양 손 다 아플 수 있겠습니까. 양 손 다 뜨거운 것도 아니요, 양 손 다 차가운 것도 아니므로 고통은 뜨거움에서도 차가움에서도 생길 리가 없습니다."

"존자여, 나는 그대와 같은 논사와 토론하여

대적할 수 없습니다. 존자여, 그 문제가 어째서 그런가를 설명해 주시면 감사하겠습니다."

그래서 장로는 아비달마론으로부터 유도된 문제를 설명함으로써 밀린다왕을 설복시켰다.

"대왕이여, 세속 생활에 관계된 여섯 가지 기쁨이 있고, 세속을 버림에 관계된 여섯 가지 기쁨이 있으며, 세속 생활에 관계된 여섯 가지 슬픔이 있고, 세속을 버림에 관계된 여섯 가지 슬픔이 있으며, 세속 생활에 관계된 여섯 가지 평정이 있고, 세속을 버림에 관계된 여섯 가지 평정이 있습니다. 이같이 여섯 가지 계열에 각각 여섯 가지 감각이 있습니다. 즉 현재의 서른여섯 가지 감각이 있고, 과거의 서른여섯 가지 감각이 있으며, 미래의 서른여섯 가지 감각이 있습니다. 모두 합치면 백여덟 가지 감각이 됩니다."

"잘 알겠습니다. 존자여."

6. 윤회의 주체

왕은 물었다.

"존자여, 무엇이 저 세상에 바뀌어 태어납니까?"

"명칭 즉 인간의 정신 활동과 형태 즉 물질과 육체가 바뀌어 태어납니다."

"현재의 명칭과 형태가 저 세상에 바뀌어 태어납니까?"

"아닙니다. 현재의 명칭과 형태에 의하여 선이나 악의 행위가 행해지고, 그 행위로 인하여 또 하나의 새로운 명칭과 형태가 저 세상에서 태어납니다."

"존자여, 만일 현재의 명칭과 형태 그대로 저 세상에 태어나는 것이 아니라면, 인간은 악업으로부터 벗어날 수 있지 않겠습니까?"

존자는 대답했다.

"만일 저 세상에 다시 태어나지 않는다면 인간은 악업으로부터 벗어날 수 있을 것입니다. 그러나 대왕이여, 저 세상에 다시 태어나는 한, 악업으로부터 벗어나지 못합니다."

"비유를 들어 주십시오."

"대왕이여, 어떤 사람이 남의 망고나무(암바) 과일을 훔쳤다고 합시다. 망고나무 주인이 그를 붙잡아 왕 앞에서 처벌해 달라고 했을 때, 그 도적이 말하기를 '대왕이여, 저는 이 사람의 망고를 따지 않았습니다. 이 사람이 심은 망고와 제가 딴 망고와는 다릅니다. 저는 처벌을 받아서는 안 됩니다'고 한다면 왕은 어떻게 하겠습니까? 그 사나이를 처벌하겠습니까?"

"존자여, 처벌하겠습니다. 그 사람은 마땅히 처벌을 받아야 합니다."

"무슨 이유로 그러합니까?"

"그가 무슨 말을 하든 처음 망고는 보이지

않지만, 마지막 망고에 대해서 죄가 있기 때문입니다."

"대왕이여, 마찬가지로 인간은 현재의 명칭과 형태에 의하여 선악의 행위가 행해지고, 그 행위로 인하여 또 하나의 새로운 명칭과 형태로 저 세상에서 태어나는 것입니다. 그러므로 다시 태어난 인간은 그의 업으로부터 벗어나지 못하는 것입니다."

"다시 한 번 비유를 들어 주십시오."

"대왕이여, 사람이 남의 쌀이나 고구마를 훔쳤다고 하는 경우도 망고 과일의 경우와 똑같다고 할 수 있습니다. 또 어떤 사람이 추울 때 불을 피워 몸을 녹이고 나서 불을 끄지 않고 가버렸는데 불이 번져 남의 밭을 태웠다고 합시다. 밭 주인이 그 사람을 왕 앞에 데리고 와 처벌을 내려 달라고 했을 때, 그 사람이 말하기를 '대왕이여, 저는 이 사람의 밭을 태우지 않았습니다. 제가 끄지 않은 불과 이 사람의 밭을 태운 불은 다른 불입니다. 저는 죄가 없습니다'고 한다면, 왕은 그 사나이에게 죄가 있다고 생각하겠습니까?"

"존자여, 그러할 것입니다."

"어째서 그렇습니까?"

"그가 무슨 말을 하든 처음의 불을 원인으로 해서 일어난 불이므로 죄가 있습니다."

"대왕이여, 인간은 현재의 명칭과 형태로 인하여 선행과 악행을 하게 되고, 그 행위로 인하여 또 하나의 새로운 명칭과 형태로 저 세상에 태어나는 것입니다. 그러므로 새로 태어난 인간은 그의 업으로부터 벗어나지 못하는 것입니다."

"또 비유를 들어 주십시오."

"대왕이여, 어떤 사람이 등불을 켜고 집 꼭대기 방에서 식사를 하다가 등불이 지붕을 태우고 이어서 마을을 태웠다고 합시다. 마을 사람들이 그 사나이에게 '당신은 어찌하여 마을을 태웠소' 하고 물었습니다. 사나이는 '왜요, 나는 마을을 불태우지 않았습니다. 내가 식사를 하기 위하여 켜 놓은 불과 마을을 태운 불은 다릅니다'고 대답했습니다. 그들이 입씨름을 하다가 왕에게 가서 말한다면 왕은 어느 쪽 말이 옳다고 하겠습니까?"

"마을 사람들의 말이 옳다고 하겠습니다."

"어째서 그렇습니까?"

"그 사람이 무슨 말을 하든, 마을을 태운 불은 그 사람이 식사하기 위하여 사용한 불로부터 일어났기 때문입니다."

"대왕이여, 마찬가지로 사람은 죽음과 함께 끝나는 현재의 명칭, 형태와 저 세상에 다시 태어나는 명칭, 형태가 다르긴 하지만 두번째 것은 첫번째로부터 나온 결과입니다. 그러므로 악업으로부터 벗어날 수 없습니다."

"또 비유를 들어 주십시오."

"대왕이여, 어떤 사나이가 한 소녀에게 구혼하며 값을 치르고 갔다고 합시다. 그런데 그 소녀가 장성하여 묘령의 처녀가 되었을 때, 딴 사나이가 값을 치르고 그 소녀와 결혼했다고 합시다. 먼저 사나이가 와서 '당신은 왜 나의 아내를 데리고 갔소'라고 따졌습니다. 나중 사나이가 '나는 당신의 아내감을 데려간 것이 아닙니다. 당신이 구혼하여 값을 치른 어린 소녀와 내가 구혼하여 값을 치른 처녀는 딴 여성입니다'고 대답했다고 합시다. 그들이 입씨름을 하다가 왕에게 재판을 요구한다고 하면, 왕은 어느 쪽을 옳다고 하겠습니까?"

"먼저 사나이가 옳다고 할 것입니다."

"어째서 그렇습니까?"

"나중 사내가 무슨 말을 하든 장성한 아가씨

는 어린 소녀로부터 성장했기 때문입니다.”

“대왕이여, 그와 같습니다. 죽음으로 끝나는 현재의 명칭과 형태와, 저 세상에 다시 태어나는 명칭과 형태는 딴 것이긴 하지만, 저 세상 것은 이 세상으로부터 생겨납니다. 그러므로 악업으로부터 벗어나지 못하는 것입니다.”

“또 비유를 들어 주십시오.”

“대왕이여, 어떤 사람이 소치는 소년으로부터 우유 한 병을 사서 그에게 맡기고 가면서 ‘내일 가지러 오겠다’라고 했다고 합시다. 다음 날 그 우유는 굳은 우유로 변할 것입니다. 그 사나이가 와서 우유를 달라고 하므로 굳은 우유로 변한 것을 내 주었습니다. 사나이는 ‘내가 산 것은 굳은 우유가 아닙니다. 내 우유를 가져 오라’고 했습니다. 소치는 소년은 ‘나에겐 아무 잘못도 없습니다. 당신의 우유가 굳은 우유로 변한 것뿐입니다’고 설명했습니

다. 그들이 서로 싸우다가 왕 앞에서 재판을
받게 된다면, 왕은 어느 편을 옳다고 하겠습
니까?"
　"소치는 소년을 옳다고 할 것입니다."
　"왜 그렇습니까?"
　"우유를 산 사람이 무슨 말을 하든 굳은 우
유는 그가 산 우유가 변하여 된 것이기 때문입
니다."
　"대왕이여, 그와 같습니다. 죽음으로 끝나는
현재의 명칭과 형태와는 다르지만, 굳은 우유
가 우유로부터 나온 결과이듯이 사람은 악업
으로부터 벗어나지 못합니다."
　"잘 알겠습니다. 존자여."

7. 윤회에 관하여

왕은 물었다.

"존자여, 그대는 저 세상에 다시 태어날 것 입니까?"

"대왕이여, 그만둡시다. 그대는 무엇 때문에 그런 질문을 하십니까. 나는 이미 '죽을 때 만일 생존에 대한 집착을 갖는다면 저 세상에 다시 태어날 것이요, 집착을 버린다면 다시 태어나지 않을 것입니다'고 말씀드리지 않았습니까?"

"비유를 들어 주십시오."

"대왕이여, 어떤 사람이 왕의 정무를 처리한다고 합시다. 왕은 그에게 정무를 맡길 것입니다. 그는 왕의 정무를 수행하는 동안 다섯 가지 욕망의 대상을 부여받아 그것에 전적으로 만족하고 있습니다. 만일 그가 '우리 임금은 어떤 정무도 처리하시지 않는다'고 여러 사람에게 공언했다고 합시다. 왕은 그 사람이 옳게 말했다고 하겠습니까?"

“그렇지 않습니다.”

“대왕이여, 그와 같습니다. 그런 질문을 다시 해서 무슨 소용이 있겠습니까? 나는 벌써 만일 죽을 때 ‘생존에 대한 집착이 있다면 저 세상에 다시 태어날 것이요, 집착이 없다면 다시 태어나지 않을 것이다’고 말씀드리지 않았습니까?”

“존자여, 그대는 진작 말씀하였습니다.”

8. 명칭(名)과 형태(色)(정신과 육체)

왕은 물었다.

“그대는 아까 명칭, 형태라고 말씀하셨습니다. 그 말씀에서 명칭이란 무엇이며 형태란 무엇입니까?”

“모든 사물에서 조잡한 것(감각적인 것)은 형태이고, 미묘한 것 즉 정신적인 것은 명칭입니다.”

 “존자여, 어찌하여 명칭만이 저 세상에 다시 태어나거나, 형태만이 다시 태어나거나 하지 않습니까?”

 “대왕이여, 이들 여러 가지 법(諸法) 즉 명칭과 형태는 서로 의존하여 하나가 되어 함께 태어나기 때문입니다.”

 “비유를 들어 주십시오.”

 “대왕이여, 암탉은 노른자나 달걀 껍질이 없다면 달걀을 만들어 내지 못할 것입니다. 그런데 노른자와 달걀 껍질은 서로 의존하여 함께 한 물건으로 생겨납니다. 마찬가지로 만일 명칭이 존재하지 않는다면 형태도 존재하지 않을 것입니다. 이 말은 명칭과 형태는 양자가 서로 의존해 있고, 하나의 존재로 함께 생겨남을 의미합니다.”

 “존자여, 잘 알겠습니다.”

왕은 물었다.

"존자여, 죽은 뒤 다시 태어나지 않는 자가 있습니까?"

"어떤 사람은 다시 태어나고, 어떤 사람은 다시 태어나지 않습니다."

"그러면 어떤 사람은 다시 태어나고 어떤 사람은 다시 태어나지 않습니까?"

"죄 있는 사람은 다시 태어나고, 죄 없는 사람은 다시 태어나지 않습니다."

"그대는 다시 태어날 것입니까?"

"죽을 때 생존에 대한 집착을 가지고 죽는다면 다시 태어날 것이요, 생존에 대한 집착이 없이 죽는다면 다시 태어나지 않을 것입니다."

"잘 알겠습니다. 존자여."

9. 생사윤회를 벗어남에 관하여

왕은 물었다.

"존자여, 생사윤회를 벗어나는 사람은 이치에 맞는 주의작용(如理作意)에 의하여 벗어나는 것입니까?"

"대왕이여, 바른 주의작용과 지혜와 그 밖의 모든 선법(善法)에 의하여 생사윤회를 벗어납니다."

"바른 주의작용과 지혜는 똑같은 것이 아닙니까?"

"그렇지 않습니다. 바른 주의작용과 지혜는 다른 것입니다. 양과 산양과 소와 물소와 낙타와 노새에게도 바른 주의작용은 있지만 지혜는 없습니다."

"잘 말씀하셨습니다. 존자여."

10. 지혜에 관하여

왕은 물었다.

"주의작용의 특징은 무엇이며, 지혜의 특징은 무엇입니까?"

"주의작용은 파지(把持), 움켜잡음을 특징으로 하고, 지혜는 끊어버림(斷切)을 특징으로 합니다."

"주의작용은 어떻게 하여 움켜잡음을 특징으로 하며, 지혜는 어떻게 하여 끊어버림을 특징으로 합니까? 비유를 들어 주십시오?"

"그대는 보리를 베는 사람들을 알고 있습니까?"

"알고 있습니다."

"그 사람들은 어떻게 보리를 벱니까?"

"왼손으로 보릿대를 움켜잡고 오른손으로 낫을 들어 보리를 벱니다."

"대왕이여, 이를테면 그와 같습니다. 출가자는 사고력에 의하여 자기 마음을 움켜잡고 지혜에 의하여 자기의 번뇌를 끊어버립니다. 이같이 하여 주의작용은 움켜잡음을 특징으로 하고 지혜는 끊어버림을 특징으로 합니다."

"잘 말씀하셨습니다. 존자여."

11. 계행(戒行)의 특징에 관하여
- 계행은 일체 선법의 근거이다 -

왕은 물었다.

"존자여, 또 그 밖의 선법이라고 하셨는데, 그 선법이란 어떤 것입니까?"

"대왕이여, 계행·신행·정진(精進)·전념(專念)·정신통일(禪定)·지혜(智慧) 등의 선법입니다."

"계행의 특징은 무엇입니까?"

"계행은 일체 선법의 근거가 됩니다. 즉 다섯 가지 도덕적 능력(五根), 힘(五力), 일곱 가지 깨침에 필요한 것(七覺支), 여덟 가지 신성한 길(八正道), 네 가지 전념의 확립(四念處), 네 가지 바른 노력(四正勤), 네 가지 자제력의 구족(四神足), 네 가지 단계의 선(四禪), 여덟 가지 해탈(八解脫), 네 가지 정신통일(四定), 여덟 가지 마음의 통일(八等持) 등 하나하나가 모두 계행의 근거로 확립됩니다. 계행이 확립된 사람에게서 일체의 선법은 결손되는 일이 없습니다."

"실례를 들어 주십시오."

"대왕이여, 성장하고 장성하고 번성하는 모든 동·식물 어느 것이든 땅에 의존하고, 땅을 근거로 하여 성장하고 장성하고 번성합니다. 마찬가지로 출가자는 계행에 의존하고, 계행을 근거로 하여 구경(究竟)에 이릅니다."

"더 좋은 비유를 들어 주십시오."

"대왕이여, 도시 설계자가 도시를 건설하려
고 할 때, 맨 먼저 도시의 터를 깨끗이 닦고 나
무 밑동이나 가시덤불을 치우고 바닥을 반반
하게 한 다음, 거리와 광장과 십자로와 상가
등을 배열하여 도시를 건립합니다. 마찬가지
로, 출가자는 계행에 의존하고 계행의 기반을
확립시킴으로써 다섯 가지 도덕적 능력을 자
기 스스로 증진시킵니다."

"비유를 하나 더 들어 주십시오."

"대왕이여, 곡예사가 요술을 보이려고 할 때,
먼저 땅을 파고 돌과 깨진 기와를 제거하여 땅
을 편편하게 한 다음, 그 부드러운 땅 위에서
요술을 보입니다. 마찬가지로 출가자는 계행에
의지하고 계행에 의하여 기반을 확립한 다음,
다섯 가지 도덕적 노력을 발전시킵니다. 대왕
이여, 부처님께서는 이것을 다음과 같이 말씀
하셨습니다."

지혜 있는 사람은 계행을 근거로 하여 마음
을 단련시키고 지혜를 키울 수 있다.
　열의 있고 깨우친 비구는
인생의 얽매인 모든 끈(繫縛)을 풀 것이다.
　마치 대지가 생물의 근거가 되듯이,
　계행을 닦은 최상의 파아티목카(波羅提木叉)
는 선을 증대시키는 근본이요, 또 부처님의 가
르침으로 들어가는 문지방이다.

　"잘 알겠습니다. 존자여."

12. 신행(信行)에 관하여
　－신행의 특징은 청정과 대원이다－

왕은 물었다.
"존자여, 신행의 특징은 무엇입니까?"
"대왕이어, 청정(淸淨)과 대원(大願)입니다."

"청정은 어떻게 하여 신행의 특징이 됩니까?"

"대왕이여, 마음에 신앙심이 솟아날 때 신앙심은 다섯 가지 장애(五蓋; 탐욕·성냄·나태·자만·의심)를 쳐부수며, 또 장애를 벗어난 마음은 맑게 가라앉고 깨끗해지고 흐림이 없어질 것입니다."

"비유를 들어 주십시오."

"대왕이여, 가령 전륜성왕이 네 가지 군사를 거느리고 행군하는 도중 조그마한 강을 건넌다고 합시다. 강물은 상군, 기마군, 전차군과 보병군에 의하여 흐려지고 흙탕물이 되어버릴 것입니다. 그런데 강을 다 건너고 난 왕은 부하들에게 '누가 마실 물을 가져오너라. 물을 마시고 싶다'고 명령했습니다. 그때 왕에게는 물을 맑게 하는 마니주가 있었습니다. 부하들이 왕의 명령을 받들어 그 마니주를 물에 던졌습

니다. 그러자 곧 상카와 바아라 같은 물풀은
없어지고, 흙탕물은 가라앉아 강물은 깨끗해
졌습니다. 그때 비로소 부하들은 마실 물을 왕
에게 가져다 바쳤습니다. 여기서 마음은 강물
과 같고 출가자는 부하들과 같습니다. 또 번뇌
는 풀이나 흙탕물과 같고 신행은 물을 맑게 하
는 마니주와 같습니다. 물을 맑게 하는 마니주
를 물 속에 던지자마자 물 속의 풀이 없어지고
흙탕물이 가라앉아 물이 맑아지듯이, 신앙심이
솟아날 때 다섯 가지 장애는 없어지고 마음이
청정하게 됩니다.”
　“그러면 대원은 어찌하여 신행의 특징이 됩
니까?”
　“대왕이여, 출가자는 성인이 어떻게 해탈했
는가를 알아, 그와 같이 수행하여 깨달음에 이
르고자 하는 경지(預流果)와, 한 번 이 세상에
왔다 가는 경지(一來果)와, 두 번 다시 이 세상

에 태어나지 않는 경지(不還果)와 아라한과를
증득한 경지(阿羅漢果) 등에 뛰어 들어 아직 이
르지 못한 곳에 이르고, 아직 느끼지 못한 것을
경험하고, 아직 얻지 못한 것을 얻기 위하여 수
행합니다. 이같이 신행의 특징은 대원입니다."

"비유를 들어 주십시오."

"대왕이여, 큰비가 산마루에 내린다고 합시
다. 그 빗물은 낮은 곳을 따라 흘러 산골짜기와
벌어진 바위틈을 메우고, 강을 채우고 강의 양
둑에 범람할 것입니다. 그리고 많은 사람들이
강의 깊이나 넓이를 모르기 때문에 망설이며
강기슭에 서 있다고 합시다. 이때 어떤 사람이
자기의 체력과 역량을 알아 허리띠를 졸라매고
강물에 뛰어들어 저쪽 둑으로 건너갔다면, 나
머지 사람들도 그 사람의 뒤를 따라 강을 건널
것입니다. 마찬가지로 출가자는 나머지 사람들
이 강물에 뛰어드는 것처럼, 앞에 말한 네 가지

단계의 경지에 이르기 위하여 수행합니다. 세
존께서는 이렇게 말씀하셨습니다."

　사람은 신행에 의하여 격류(激流)를 건너고
　근면에 의하여 생사의 바다를 건넌다.
　정진에 의하여 모든 괴로움을 뛰어 넘고
　지혜에 의하여 청정하게 된다.

"잘 알겠습니다. 존자여."

13. 정진에 대하여
　- 정진은 일체 선법을 지니는 것이다 -

왕은 물었다.
"존자여, 정진의 특징은 무엇입니까?"
　"대왕이여, 일체 선법을 지탱하는 것이 특징
입니다. 정진에 의하여 지탱된 일체의 선법은

없어지지 않습니다.”

“비유를 들어 주십시오.”

“대왕이여, 집이 쓰러지려고 할 때 딴 목재로 집을 떠받친다고 합시다. 이렇게 떠받쳐진 집은 무너지지 않습니다. 마찬가지로 정진의 특징은 선을 떠받치는 것입니다. 정진에 의하여 떠받쳐진 일체의 선법은 무너지지 않습니다.”

“다시 한 번 비유를 들어 주십시오.”

“대왕이여, 대군이 숫자가 적은 군대를 공격한다고 합시다. 그때 소군을 가진 왕은 장병을 규합하고 원군과 협력하여 소군을 증강함으로써 대군을 물리칩니다. 마찬가지로 정진의 특징은 지원하는 것입니다. 정진에 의하여 지원받는 일체의 선법은 없어지지 않습니다. 대왕이여, 부처님께서는 이렇게 말씀하셨습니다. ‘비구들아, 정진하는 제자는 악을 버리고 선을 계발하며, 잘못된 것을 버리고 바른 것을 발전

시켜 자신을 청정하게 한다'고."

14. 전념에 관하여
-전념의 특징은 열거(列擧)와 집지(執持)이다-

왕은 물었다.
"존자여, 전념의 특징은 무엇입니까?"
"대왕이여, 열거(列擧)와 집지(執持)입니다."
"열거가 어떻게 전념의 특징이 됩니까?"
"대왕이여, 출가자에게 전념이 일어날 때 그는 선악과 정사(正邪)와 존비(尊卑)와 흑백 등 대조적인 성질을 반복해서 열거합니다. 즉 이것들은 네 가지 전념(四念處)의 확립이요, 네 가지 바른 노력(四正勤)이요, 네 가지 자제력의 근거(四神足)요, 다섯 가지 정신력의 작용(五根)이요, 다섯 가지 비상한 힘(五力)이요, 깨달음에 필요한 일곱 가지 것(七覺支)이요, 바른 관찰(正觀)이요, 밝은 지혜(明智)요, 해탈 등입니다. 이리하여 출가자는 배워야 할 것을 배우고, 배워서 안 될 것은 배우지 않으며, 가까이할 것을 가까이하고, 가까이해서는 안 될 것은 가까이하지 않습니다. 이와 같이 전념은 열거를 특징으로 합니다."

"비유를 들어 주십시오."

"대왕이여, 전륜성왕의 이재관(理財官)이 조석으로 왕에게 재력을 상기하게 하는 것과 같습니다. 즉 이재관이 '대왕이여, 그대의 상군은 얼마이며, 기마군은 얼마이며, 전차군은 얼마이며, 보병군은 얼마이며, 황금은 얼마이며, 금화는 얼마이며, 재보는 얼마입니까? 그것을 기억해 주소서'라고 왕의 재산을 열거하는 것과 같습니다."

"존자여, 집지가 어떻게 하여 전념의 특징이 됩니까?"

　"대왕이여, 전념이 생길 때 출가자는 이익되는 것과 이익되지 않는 것의 범주를 추구합니다. 즉 이러이러한 것은 선이고, 이러이러한 것은 악이며, 이러이러한 것은 유용하고, 이러이러한 것은 유용하지 않다고 가려내어 추구합니다. 이리하여 출가자는 자신에게 악한 것은 소멸하고 선한 것은 보존합니다. 이와 같이 전념은 집지를 특징으로 합니다."

　"비유를 들어 주십시오."

　"대왕이여, 이를테면 전륜성왕에게 믿음직한 신하가 있어 왕에게 이롭고 이롭지 않은 것을 알아 이것들은 이익되고 이것들은 이롭지 않으며, 이것들은 유용하고 이것들은 유용치 않다고 충언을 드리는 것과 같습니다. 이리하여 왕은 자신에게 악한 것은 소멸시키고 선한 것은 보존합니다. 대왕이여, 부처님께서는 이렇게 말씀하셨습니다. '비구들아, 나는 전념이야

말로 어느 때 어느 경우에나 유익한 것이라고
말한다'고."

15. 정신통일(禪定)에 관하여
　－ 정신통일은 일체 선법을 통솔한다 －

왕은 물었다.
"존자여, 정신통일의 특징은 무엇입니까?"
"대왕이여, 우두머리 됨을 특징으로 합니다.
일체의 선법은 정신통일을 우두머리로 하여
통솔되고, 또 쏠려 갑니다."
"비유를 들어 주십시오."
"대왕이여, 대들보는 꼭대기에 있어 모든 서
까래가 그곳으로 향하고, 그곳에서 만납니다.
마찬가지로 정신통일은 일체의 법에 대하여
그와 같은 관계에 있습니다."
"비유를 다시 한 번 들어 주십시오."

"대왕이여, 왕이 사군을 거느리고 싸움터에 나간다고 합시다. 모든 군사, 즉 상군, 기마군, 전차군, 보병군은 모두 왕을 우두머리로 하여 그에게로 향하도록 인솔됩니다. 그리고 각자가 왕의 부하로서 왕을 수령으로 전열이 정돈됩니다. 일체 선법이 정신통일에 대한 관계도 이와 꼭 같습니다. 대왕이여, 부처님께서는 이렇게 말씀하셨습니다. '비구들아 정신통일을 수련하라. 정신통일을 성취한 사람은 모든 것을 있는 참된 모습 그대로 보는 것이다'고."

16. 지혜의 특징에 관하여
- 지혜는 광명을 발한다 -

왕은 물었다.
"존자여, 지혜의 특징은 무엇입니까?"
"대왕이여, 나는 이미 지혜는 끊어버림(斷切)

을 특징으로 한다고 말했습니다. 그러나 지혜
는 또 밝게 비춤(光明)을 특징으로 합니다."
　"지혜의 특징은 어찌하여 광명입니까?"
　"대왕이여, 지혜가 생길 때 지혜는 어리석음
(無明)의 어두움을 타파하고 밝은 지혜를 발하
며, 지식의 등불을 밝히고 고상한 진리(聖諦)를
드러냅니다. 이리하여 출가자는 일체는 무상
(無常)이다, 고(苦)다, 무아(無我)다 라고 보는
가장 밝은 지혜(正慧)로써 모든 존재를 비춰보
는데 정력을 쏟습니다."
　"비유를 들어 주십시오."
　"대왕이여, 어떤 사람이 어두운 집 안으로
등불을 가지고 들어온다고 합시다. 어둠을 깨
고 광채를 발하며 밝은 빛을 비추어 거기에 있
는 대상물을 밝게 볼 수 있게 합니다. 마찬가
지로 수행자는 가장 밝은 지혜로써 모든 존재
를 바로 비추어 봅니다."

“잘 말씀하셨습니다. 존자여.”

17. 일체의 선법(善法)은 번뇌를 끊는다

왕은 물었다.

“존자여, 이들 선법은 여러 가지지만 동일한 목적을 성취합니까?”

“그러합니다. 이들 선법은 각각 다르지만 모두 동일한 목적을 성취합니다. 즉 이들 선법은 번뇌를 끊는 것을 동일한 목적으로 합니다.”

“어떻게 하여 그러합니까. 비유를 들어 주십시오.”

“그것들(諸法)은 여러 부분의 군대, 즉 상마군·기마군·전차군·보병군들이 싸움터에서 적군을 쳐부순다는 동일한 목적을 이루는 것과 같습니다.”

“잘 말씀하셨습니다. 존자여.”

❋ 3장

1. 시간은 존재하는가

왕은 물었다.
"그대는 '오랫동안'이라고 말씀하였습니다. 오랫동안이라는 '시간'은 무엇을 의미합니까?"
"대왕이여, 과거·현재·미래를 말합니다."
"도대체 시간이란 존재합니까?"
"존재하는 시간도 있고, 존재하지 않는 시간도 있습니다."
"어떤 시간은 존재하고 어떤 시간은 존재하지 않습니까?"
"대왕이여, 지나가 버렸거나 끝나 버렸거나 없어져 버린 과거에 대해서 시간은 존재하지 않습니다. 그러나 시간은 결과를 낳거나 결과를 낳는 선천적인 가능성을 갖거나 딴 곳에 다시 태어나게 될 사상에 대해서는 존재합니다. 죽어서 딴 곳에 다시 태어날 존재에게 시간은 존재하며, 죽어서 딴 곳에 다시 태어나지 않을 존재에게 시간은 존재하지 않습니다. 완전히 자유롭게 된 - 완전한 열반에 도달한 - 존재에게 시간은 존재하지 않습니다. 완전히 해탈했기 때문입니다.”

　“존자여, 잘 알겠습니다.”

2. 영원한 시간은 어떻게 성립하는가?

　왕은 물었다.

　“존자여, 과거 시간의 근거는 무엇이고, 현재 시간의 근거는 무엇이며, 미래 시간의 근거는 무엇입니까?”

　"과거·현재·미래 시간의 근거는 무명(無明; 진리에 대한 무지)[8]입니다. 무명을 반연하여 행(行)[9]이 생기고, 행을 반연하여 식별작용(識)이 생기고, 식별작용을 반연하여 명칭과 형태(名色)가 생기고, 명칭과 형태를 반연하여 여섯 가지 감관(六處)이 생기고, 여섯 가지 감관을 반연하여 감관과 --대상과 식별작용과의 접촉(觸)이 생기고, 접촉을 반연하여 느낌(感受·受)이 생기고, 느낌을 반연하여 갈애(愛)가 생기고, 갈애를 반연하여 집착(取)이 생기고, 집착을 반연하여 생존 일반(有)이 생기고, 생존 일반을 반연하여 태어남이 있고, 태어남을 반연하여 늙음과 죽음과 비애와 비통과 쓰라림과 괴로움과 절망 등이 생깁니다. 이 모든 시간의 과거의 궁극점(최초의 시작)은 분명히 인식되지 않습니다."

　"잘 대답하였습니다. 존자여."

3. 시간의 시원(始源)은 인식되지 않는다

왕은 물었다.

"그대는 모든 시간의 근원적 시작은 인식되지 않는다고 말씀하였습니다. 비유를 들어 주십시오."

"대왕이여, 어떤 사람이 조그마한 씨알 하나를 땅에 심는다고 합시다. 그 씨알은 싹이 터서 점차로 성장하고 무성하여 열매를 맺을 것입니다. 그 사람은 다시 씨앗을 받아 땅에 심으면 또 열매를 맺을 것입니다. 이 종자의 연속에 끝이 있겠습니까?"

"존자여, 끝이 없습니다."

"대왕이여, 마찬가지로 시간의 근원적 시작은 인식되지 않습니다."

"다시 한 번 비유를 들어 주십시오."

"닭이 알을 낳고 그 알에서 닭이 생기고, 또

그 닭에서 알이 생겨납니다. 이 연속에 끝이 있겠습니까?"

"아닙니다. 끝이 없습니다."

"대왕이여, 마찬가지로 시간의 근원적 시작은 인식되지 않습니다."

"또 비유를 들어 주십시오."

그때 존자는 땅에 원을 그리고서 왕에게 물었다.

"이 원 둘레에 끝이 있습니까?"

"없습니다."

"대왕이여, 이와 같은 순환을 세존께서는 눈과 형태에 의하여 눈의 식별작용이 생기고, 이들 셋이 화합했을 때 접촉이 생기고, 접촉을 연유하여 감수가 생기고, 감수를 연유하여 갈애가 생기고, 갈애를 연유하여 갈구하는 행동이 생기고, 행동으로부터 또 다시 눈이 생겨난다고 하셨습니다. 연속에 끝이 있겠습니까?"

“끝이 없습니다.”

존자는 그 밖의 감각기관(귀·코·혀·몸·마음)의 하나하나에 대해 거기에 알맞은 순환을 들어 반문했다. 그리고 그에 대한 왕의 대답은 언제나 꼭 같았으므로 존자는 이렇게 결론지었다.

“대왕이여, 그와 같이 시간의 근원적 시작은 인식되지 않습니다.”

“잘 대답하였습니다. 존자여.”

4. 윤회하는 생존은 시작이 없다

왕은 물었다.

“그대가 근원적 시작은 인식되지 않는다고 할 때, 그 근원적 시작이란 무엇을 의미합니까?”

“대왕이여, 사라져 버린 과거 시간은 모두

근원적 시작입니다."

"그렇다면 그대가 근원적 시작은 인식되지 않는다고 할 때, 그 근원적 시작은 어느 것이나 인식되지 않습니까?"

"어떤 것은 인식되고 어떤 것은 인식되지 않습니다."

"어떤 것이 인식되고 어떤 것이 인식되지 않습니까?"

"대왕이여, 무명 이전에는 전혀 존재한 일이 없는 그러한 근원적 시작은 인식되지 않습니다. 그러나 이전에 존재하지 않았던 것이 지금은 생겨나고, 생겨나기 시작하자 다시 사라져 가는 그러한 시작은 인식됩니다."

"존자여, 이전에 존재하지 않던 것이 이제 생겨나고, 생겨나자 곧 다시 사라져 간다면, 전후 양 끝에서 끊겨 없어지는 것입니까?"

"대왕이여, 만일 그것이 양 끝에서 끊겨 없

어진다면 끊겨진 것은 증대할 수 있습니까?"

"그렇습니다. 그것은 증대할 수 있습니다. 그러나 내가 묻는 것은 그것이 아닙니다. 끊긴 지점에서 다시 증대될 수 있습니까?"

"그렇습니다. 증대될 수 있습니다."

"비유를 들어 주십시오."

존자는 나무와 씨알의 비유를 되풀이하고, 오온이 모든 괴로움을 낳는 씨앗이라고 설명했다. 왕은 아주 만족했다.

5. 윤회하는 생존이 성립하는 근거

왕은 물었다.

"생겨나는 형성력(形成力 · 諸行)이 있습니까."

"그렇습니다."

"그것은 어떤 것입니까."

"눈과 형태가 있는 곳에 눈의 식별작용이 있고, 눈의 식별작용이 있는 곳에 눈의 접촉이 있고, 눈의 접촉이 있는 곳에 감수가 있고, 감수가 있는 곳에 갈애가 있고, 갈애가 있는 곳에 집착이 있고, 집착이 있는 곳에 생존 일반 (有)이 있고, 생존 일반이 있는 곳에 생겨남이 있고, 생겨남이 있는 곳에 늙음과 죽음과 비애와 비통과 쓰라림과 실망 등이 있습니다. 이리하여 모든 괴로움이 생겨납니다. 이에 반하여 눈과 형상이 없는 곳에는 눈의 식별작용이 없고, 눈의 식별작용이 없는 곳에 감수가 없고, 감수가 없는 곳에 갈애가 없고, 갈애가 없는 곳에 집착이 없고, 집착이 없는 곳에 생존 일반이 없고, 생존 일반이 없는 곳에 생겨남이 없고, 생겨남이 없는 곳에 늙음과 죽음과 비애와 비통과 쓰라림과 괴로움과 실망 등이 없습니다. 이리하여 모든 괴로움에 종말이 옵니다."

“잘 알겠습니다. 존자여.”

6. 개인의 존재의 형성력

왕은 물었다.
“점차로 생성됨이 없이 생겨나는 형성력(諸行)이 있습니까?”
“아닙니다. 형성력은 점차로 생성합니다.”
“비유를 들어 주십시오.”
“대왕이여, 그대가 지금 앉아 있는 이 집은 갑자기 생겨난 것입니까?”
“아닙니다. 존자여, 갑자기 생겨난 것은 이 세상에 하나도 없습니다. 이 집은 점차적으로 생성되었습니다. 즉 집의 재목은 숲에서 가져왔고, 진흙은 땅에서 나왔으며, 사람들의 노동에 의하여 건축되었습니다.”
“대왕이여, 그와 같습니다. 점차적인 생성이

없이 생겨나는 형성력은 하나도 없습니다. 형
성력은 발전 과정에 의하여 생겨나는 것입니
다."

　"다시 한 번 비유를 들어 주십시오."

　"모든 나무와 식물은 씨앗이 땅에 심어져 점
차로 자라고 무성하고 성장하여 꽃이나 열매
를 맺습니다. 그것들은 점차적인 생성 없이 생
겨나는 것은 아닙니다. 현재 존재하는 발전 과
정에 의하여 생겨나는 것입니다."

　"대왕이여, 마찬가지로 점차적인 생성 없이
생겨나는 형성력이란 없습니다. 형성력은 발전
의 한 과정에 의하여 생겨납니다."

　"또 비유를 들어 주십시오."

　"옹기장이는 땅 속에서 진흙을 파 가지고 여
러 가지 옹기를 만들어 냅니다. 그 옹기는 형
성함이 없이 생겨난 것이 아니고, 현재 존재하
는 발전 과정을 거쳐 생겨난 것입니다. 대왕이

여, 마찬가지로 점차적인 생성이 없이 생겨나
는 형성력이란 없습니다. 형성력은 발전 과정
을 거쳐 생겨납니다.”
  “또 비유를 들어 주십시오.”
  “대왕이여, 가령 만돌린(箜篌)[10]에 줄 받침과
가죽과 빈 공간이 없고, 몸체와 목과 줄과 활
이 없고, 또 그것을 타는 사람의 알맞은 연주
가 없다면 음악이 이루어집니까?”
  “이루어지지 않습니다. 존자여.”
  “그러한 모든 것이 있다면 소리가 나겠습니
까?”
  “그렇습니다. 물론 소리가 납니다.”
  “대왕이여, 꼭 그와 같습니다. 점차적인 생성
이 없이 생겨나는 형성력이란 없습니다. 형성
력은 발전 과정을 거쳐 생겨납니다.”
  “또 비유를 들어 주십시오.”
  “대왕이여, 가령 불을 일으키는 막대기와 빙

빙 돌리는 막대기와 줄과 매트릭스와 부싯돌
이 없고, 불을 일으키기에 적합한 사람의 노력
이 없다면 불이 일어나겠습니까?"

"그렇지 않습니다."

"그 모든 조건이 구비된다면 불이 일어나겠
습니까?"

"그렇습니다."

"대왕이여, 꼭 그와 같습니다. 점차적인 생성
이 없이 생겨나는 형성력이란 없습니다. 형성
력은 발전 과정을 거쳐 생겨납니다."

"비유를 더 들어 주십시오."

"대왕이여, 가령 불을 일으키는 돋보기와 태
양열과 말린 소똥이 없다면 불이 일어날 수 있
겠습니까?"

"없습니다."

"그러나 그러한 모든 것이 구비되면 불을 일
으킬 수 있겠습니까?"

"일으킬 수 있습니다."

"대왕이여, 꼭 그와 같습니다. 점차적인 생성이 없이 생겨나는 형성력은 없습니다. 형성력은 발전 과정을 거쳐 생겨납니다."

"또 하나 비유를 들어 주십시오."

"대왕이여, 가령 거울도 광선도 없으며 거울 앞에 얼굴도 없다면 얼굴 모습이 나타나겠습니까?"

"나타나지 않습니다."

"그러나 그러한 것들이 갖추어진다면 얼굴 모습이 거울에 비치겠습니까?"

"비칠 것입니다."

"대왕이여, 꼭 그와 같습니다. 점차적인 생성이 없이 생겨나는 형성력은 없습니다. 형성력은 발전의 한 과정에 의하여 생겨납니다."

"잘 알겠습니다. 존자여."

7. 베다구우[11] (영적인 것)에 관하여

왕은 물었다.

"존자여, 베다구우는 있습니까?"

존자는 반문했다.

"대왕이여, 베다구우란 대체 무엇입니까?"

왕은 말했다.

"안에 있는 생명의 원리(個我)는 눈으로 형상(色)을 보고, 귀로 소리를 듣고, 코로 냄새를 맡고, 혀로 맛을 보고, 몸으로 촉감을 느끼고, 마음으로 사상(法)을 식별합니다. 마치 이 궁전에 앉아 있는 우리가 동서남북 어느 창문으로든 내다보고 싶은 창문으로 내다볼 수 있는 것처럼, 안에 있는 생명의 원리는 내다보고 싶은 어느 문으로든지 내다볼 수 있습니다."

존자는 대답했다.

"대왕이여, 다섯 가지 문에 관해서 말씀해

드리겠습니다. 만일 안에 있는 생명의 원리가 대왕이 말씀한 것처럼, 창문을 마음대로 고르듯이 눈으로 형상을 볼 수 있다면 눈뿐만 아니라 다섯의 감관으로도 형상을 볼 수 있지 않겠습니까? 마찬가지로 소리를 듣는 것, 냄새를 맡는 것, 맛을 보는 것, 촉감을 느끼는 것, 대상(法)을 식별하는 것에 있어서도 다섯의 감관 중 어느 것에 의해서나 가능하지 않겠습니까? 즉 한 경우만 아니라 모든 경우를 지적해 말할 수 있지 않겠습니까?"

"존자여, 그렇지 않습니다."

"그렇다면 그대가 말한 것은 앞뒤가 잘 맞지 않습니다. 대왕이여, 여기 딘나(사람 이름)가 밖에 나가 문간에 서 있다고 합시다. 대왕은 딘나가 밖에 나가 문간에 서 있다는 것을 알 수 있습니까?"

"그렇습니다. 알 수 있습니다."

“이번에는 딘나가 다시 돌아와 대왕 앞에 서 있다는 것을 알 수 있습니까?”

“그렇습니다. 알 수 있습니다.”

“대왕이여, 마찬가지로 어떤 맛을 지닌 것이 혀 위에 놓여졌을 때 식별하는 생명의 원리는 그것이 시다든지 짜다든지 쓰다든지 맵다든지 달다는 맛을 알 수 있습니까?”

“알 수 있습니다.”

“그러나 맛을 지닌 것이 위 속으로 들어갔을 때도 생명의 원리는 맛을 알 수 있습니까?”

“그렇지 않습니다.”

“대왕이여, 그대의 말은 앞뒤가 잘 들어맞지 않습니다. 가령 어떤 사람이 백 개의 꿀 접시를 꿀통에 쏟은 다음, 입이 틀어 막힌 사람이 꿀통 속에 들어갔다고 합시다. 통 속에서 그 사람은 단맛이 있는지 없는지를 알 수 있습니까?”

“존자여, 그는 꿀맛을 모릅니다.”

“어째서 모릅니까?”

“꿀이 그 사람의 입으로 들어가지 않기 때문입니다.”

“대왕이여, 그대의 말은 앞뒤가 들어맞지 않습니다.”

“존자여, 나는 그대와 같은 존자에게는 대적할 수 없습니다. 그 도리를 말씀해 주시면 감사하겠습니다.”

그래서 장로는 아비달마론으로부터 끌어내어진 이론으로 밀린다왕을 설득시켰다.

“대왕이여, 눈과 형상에 의하여 눈의 식별작용이 생기고, 그 밖에 접촉과 감수(感受)와 표상(表象)과 의사(思)와 통일작용(作意), 즉 추상과 생명감과 주의력 등이 함께 생겨납니다. 그리고 이것들과 유사한 인과의 연속은 감각기관이 작용하게 될 때 일어납니다. 다시 말하면

모든 사상(法)은 연을 따라 일어납니다. 그러므
로 - 거기에 - 베다구우는 존재하지 않습니다."

8. 감각(感覺)과 통각(統覺)에 관하여

왕은 물었다.
"눈의 식별작용(眼識)이 일어나는 곳에는 어
디나 마음의 식별작용(意識)도 일어납니까?"
"그렇습니다. 대왕이여, 눈의 식별작용이 일
어나는 곳에는 어디나 마음의 식별작용도 일
어납니다."
"둘 중 어느 것이 먼저 일어납니까?"
"안식(눈의 식별작용)이 먼저 일어나고, 의식
(마음의 식별작용)이 다음에 일어납니다."
"그러면 안식이 의식에게 '내가 일어나는 곳
에 너도 일어나라'고 명령합니까? 아니면 의식
이 안식에게 '네가 일어난 곳에 나도 일어나겠

다'고 일러줍니까?"

"대왕이여, 그렇지 않습니다. 양자 사이에는 아무런 상의도 없습니다."

"그러면 존자여, 안식이 일어나는 곳에 어떻게 하여 의식이 일어납니까?"

"경향(傾向: 下行)과 문(門: 向門)과 습관과 습숙(習熟)이 있기 때문입니다."

"어떻게 하여 그러합니까. 경향이 있기 때문에 안식이 생기는 곳에 의식이 생기는 비유를 들어 주십시오."

"대왕이여, 어떻게 생각합니까. 비가 올 때 물은 어디로 흘러갑니까?"

"지면의 경사를 따라 흐릅니다."

"비가 또 온다면 그 물은 어디로 흘러갑니까?"

"첫번째 물이 흘러간 것과 같은 곳으로 흘러갑니다."

"어째서 그러합니까? 첫번째 물이 두번째 물
에게 '내가 흘러가는 곳으로 너도 흘러오라'고
일러줍니까."

"존자여, 그렇지 않습니다. 양자 사이에는 아
무런 상의도 없습니다. 각자가 지면의 경사를
따라 흘러갑니다."

"대왕이여, 꼭 그와 같습니다. 안식이 일어나
는 곳에 의식이 일어나는 것은 경향성 때문입
니다. 안식이 의식에게 '내가 일어난 곳에 너도
일어나라'고 명령하지도 않으며, 의식이 안식
에게 '네가 일어난 곳에 나도 일어나겠다'고 상
의하는 것도 아닙니다. 그들 사이에는 아무런
대화도 없습니다. 그와 같이 일어나는 것은 모
두가 경향성 때문입니다."

"그러면 안식이 생기는 곳에 의식이 생기는
것은, 문이 있기 때문이라는 비유를 들어 주십
시오."

　"대왕이여, 가령 어떤 나라에 변방 도성이 있는데 그 성은 망탑과 성벽으로 튼튼하게 쌓여 있고, 문이 단 하나 있다고 합시다. 사람이 그 도성으로부터 나가려고 하면 어떻게 나가겠습니까?"

　"그 성문으로 나갑니다."

　"만일, 또 다른 사람이 그 도성을 떠나려고 한다면, 그 사람은 어떻게 나가겠습니까?"

　"첫번째 사람과 꼭 같은 성문으로 나갑니다."

　"어째서 그러합니까. 먼저 사람이 다음 사람에게 '너는 내가 나가는 곳으로 나가라'고 일러주었습니까? 아니면 다음 사람이 먼저 사람에게 '네가 나가는 곳으로 나도 나가겠다'고 말했습니까?"

　"존자여, 그렇지 않습니다. 그들 사이에는 아무런 연락도 없습니다. 그들은 성문이 있기 때문에 그 곳으로 나가는 것 뿐입니다."

"대왕이여, 안식과 의식에 있어서도 꼭 그러합니다."

"그러면 안식이 생기는 곳에 의식이 생기는 것은 습관이 있기 때문이라는 비유를 들어 주십시오."

"대왕이여, 한 수레가 앞서 갔다면 다음 수레는 어느 길로 가겠습니까?"

"처음 수레와 똑같은 길로 가겠습니다."

"앞 수레가 뒷 수레에게 '내가 간 길로 가라'고 말했습니까? 아니면 뒷 수레가 앞 수레에게 '네가 간 길로 가겠다'고 말했습니까?"

"존자여, 그렇지 않습니다. 두 수레 사이에는 아무런 통화도 없었습니다. 다음 수레가 습관성에 의하여 처음 수레를 따라 갔습니다."

"대왕이여, 안식과 의식에 있어서도 꼭 그러합니다."

"그러면 습숙이 있기 때문에 안식이 생기는 곳에 의식도 생긴다는 것을 비유로 설명해 주십시오."

"대왕이여, 부호술(符號術·印術)·산술(算術)·목산(目算)·습자(習字)의 기술에 있어서 초보자는 처음은 서툴지만, 일정한 기간이 지나면 세심한 주의와 연습에 의하여 숙달하게 됩니다. 마찬가지로 습숙에 의하여 안식이 일어나는 곳에 의식도 일어납니다."

존자는 그 밖에 청각이나 미각이나 후각이나 촉각들의 식별작용이 있는 곳에 마음의 식별작용도 일어난다는 것을 같은 방법으로 설명했다.

다시 말하면 의식은 어느 경우에나 감각에 이어 일어나지만, 양자 사이에는 교제나 통신이 있어 일어나는 것은 아니라고 설명했다.

왕은 물었다.

"존자여, 의식이 있는 곳에 언제나 감수도
있습니까?"

"그렇습니다. 의식이 일어나는 곳에는 접촉
과 감수와 표상과 의향(思)과 성찰과 고찰들이
있습니다."

9. 접촉(接觸)의 특징에 관하여

왕은 물었다.
"존자여, 접촉의 특징은 무엇입니까?"
"대왕이여 맞부딪치는 것입니다."
"비유를 들어 주십시오."
"대왕이여, 두 마리 뿔 돋은 숫양이 싸움을
하는 경우와 같습니다. 눈은 한편의 숫양으로
볼 것이요, 형상은 다른 편의 숫양으로 볼 것
이며, 접촉은 두 양의 맞부딪치는 것으로 볼
것입니다."

“다시 한 번 비유를 들어 주십시오.”

“그것은 두 개의 악기를 마주치는 경우와 같습니다. 눈은 한쪽의 악기로 볼 것이요, 형상은 다른 한쪽의 악기로 볼 것이며, 접촉은 두 개의 악기가 마주치는 것으로 볼 것입니다.”

“잘 알겠습니다. 존자여.”

10. 감수(感受)의 특징에 관하여

“존자여, 감수의 특징은 무엇입니까?”

“경험하므로 고락을 느끼는 것입니다.”

“비유를 들어 주십시오.”

“이를테면 어떤 사람이 왕의 정무를 맡아 처리하는 경우와 같습니다. 왕은 그 사람이 마음에 들어 정무를 맡겼습니다. 그는 정무를 수행하는 동안 다섯 가지 욕망을 달성하고 만족하며 이렇게 생각할 것입니다. ‘왕은 나에게 만족

하여 정무를 맡기셨고, 나는 정무를 처리해 왔
다. 나는 정무를 수행하므로 지금 이러한 감수
를 경험하고 있다'고. 또 이런 경우와도 같습니
다. 어떤 사람이 선업을 지어 죽은 후 천국에
서 다섯 가지 욕락을 누리며 만족하여 이렇게
생각할 것입니다. '나는 전생에 선행을 닦았으
므로 지금 이러한 감수를 경험하고 있다'고. 대
왕이여, 이와 같이 경험하므로 고락을 향수하
는 것이 감수의 특징입니다."
　"잘 알겠습니다. 존자여."

11. 표상의 특징에 관하여

　"존자여, 표상의 특징은 무엇입니까?"
　"대왕이여, 인식하는 것입니다. 즉 파랑색·
노랑색·빨강색·백색·갈색 등을 인식함과
같습니다."

“비유를 들어 주십시오.”

“대왕이여, 왕의 재무관이 왕의 보물창고에 들어가서 청·황·적·백·갈색의 보물을 보고, 그것들을 왕의 재보라고 인식하는 것과 같습니다. 이와 같이 인식하는 것이 표상의 특징입니다.”

“잘 알겠습니다. 존자여.”

12. 의사(意思)의 특징에 관하여

“존자여, 의사의 특징은 무엇입니까?”

“대왕이여, 그것은 마음먹음(意思)과 형성함(爲作)을 특징으로 합니다.”

“비유를 들어 주십시오.”

“대왕이여, 어떤 사람이 독을 마련하여 자신도 마시고 남에게도 마시게 하면, 자신도 고통을 받고 남도 고통을 받는 것과 같습니다. 마찬가지로 어떤 사람이 이 세상에서 나쁜 짓을 하려고 마음먹고 그렇게 하면, 죽어서 지옥의 괴로움을 받는 불행한 상태로 다시 태어날 것이며, 그의 말을 따른 사람도 그렇게 될 것입니다. 또 이런 경우와도 같습니다. 어떤 사람이 버터기름과 버터와 기름과 벌꿀과 당밀의 혼합물을 만들어 자신도 마시고 남에게도 마시게 한다면, 자신도 즐겁고 남도 즐거울 것입니다. 마찬가지로 어떤 사람이 이 세상에서 착한 일을 하려고 마음먹고 그렇게 하면, 죽어서 천계에서 축복받는 행복한 상태로 다시 태어날 것이며, 그 사람의 충고에 따른 사람도 그렇게 될 것입니다. 이와 같이 마음먹음과 형성함이 의사의 특징입니다."

"잘 알겠습니다. 존자여."

13. 식별작용(識別作用)의 특징에 관하여

"존자여, 식별작용의 특징은 무엇입니까?"
"대왕이여, 구별해 아는 것(識別)입니다."
"비유를 들어 주십시오."
"대왕이여, 도시 한복판의 네 거리에 앉아 있는 수위가 사람들이 동서남북 사방의 어디로부터 오는가를 볼 수 있는 것과 같습니다. 마찬가지로 사람들은 식별작용에 의하여, 눈으로 보는 대상물과 귀로 듣는 소리와 코로 맡는 냄새와 혀로 맛보는 맛과 몸으로 닿는 접촉물과 마음으로 인식하는 사상(法)들을 아는 것입니다. 이와 같이 구별해 알아봄이 식별작용의 특징입니다."
"잘 알겠습니다. 존자여."

14. 성찰(省察)의 특징에 관하여

"존자여, 성찰의 특징은 무엇입니까?"
"목적수행을 특징으로 합니다."
"비유를 들어 주십시오."
"대왕이여, 목공이 잘 다듬어진 목재를 잇는 곳에 이어 고정시킴으로써 목적을 수행하는 것과 같습니다. 이와 같이 목적수행이 성찰의 특징입니다."
"잘 알겠습니다. 존자여."

15. 고찰(考察)의 특징에 관하여

"존자여, 고찰의 특징은 무엇입니까?"
"계속해서 생각해 내는 것입니다."
"비유를 들어 주십시오."
"동라(징같이 생긴 타악기)를 칠 때, 계속 여운

이 생기는 경우와 같습니다. 이때 동라를 치는 것은 성찰로 볼 것이며, 여운은 고찰로 볼 것입니다. 대왕이여, 이와 같이 계속해서 생각해 내는 것이 고찰의 특징입니다."

"잘 알겠습니다. 존자여."

✱ 4장

1. 여러 가지 정신작용의 협동[12]

왕은 물었다.

"존자여, 모든 사상(諸法)이 혼합되어 있을 때, 하나하나 분리시켜 '이것은 접촉(觸)이요, 이것은 감수(受)요, 이것은 표상(相)이요, 이것은 의사(思)요, 이것은 식별(識)이요, 이것은 성찰이요, 이것은 고찰이다'라고 구별을 명백하게 할 수 있습니까?"

"아닙니다. 따로따로 구별할 수 없습니다."

"비유를 들어 주십시오."

"대왕이여, 궁정의 요리사가 소스를 만든다고 합시다. 그는 굳은기름과 소금과 생강과 마늘과 후추와 그 밖의 조미료를 넣습니다. 그때

왕은 요리사에게 '나에게 굳은기름 양념을 갖다 다오. 소금 양념을 갖다 다오. 생강 양념을 갖다 다오. 마늘 양념을 갖다 다오. 후추 양념을 갖다 다오. 모든 조미료가 든 맛있는 양념을 갖다 다오'라고 했다고 합시다. 그 사람은 그 혼합해서 만든 소스를 일일이 분해하여 '이것은 시고, 이것은 짜고, 이것은 맵고, 이것은 떫고, 이것은 답니다'라고, 양념을 따로따로 분해해서 가져올 수 있겠습니까?"

"아닙니다. 그것은 불가능합니다. 그렇지만 양념은 하나하나 특징에 의하여 나타나 있습니다."

"대왕이여, 그와 꼭 같습니다. 모든 사상이 한데 혼합되어 있는 것을 하나하나 떼어서 '이것은 접촉이다. 이것은 감수다. 이것은 표상이다. 이것은 의사다. 이것은 식별이다. 이것은 성찰이다. 이것은 고찰이다'라고 구별지어서

말할 수는 없습니다. 그러나 모든 사상을 하나
하나의 특징에 의하여 논의할 수는 있습니다."
　"잘 알겠습니다. 존자여."
　존자가 왕에게 말했다.
　"대왕이여, 소금은 눈으로 알 수 있습니까?"
　"그렇습니다. 존자여."
　"대왕이여, 주의해 들으십시오. 눈으로 알 수
있는 것은 소금이 갖고 있는 흰빛에 지나지 않
습니다."
　"존자여, 그러면 혀로 알 수 있습니까?"
　"그렇습니다."
　"존자여, 모든 종류의 소금은 혀로써만 식별
합니까?"
　"그렇습니다."
　"존자여, 만일 소금을 혀로만 식별할 수 있
다면 황소는 왜 소금 전체를 실어 나릅니까.
짠맛만을 나르면 되지 않겠습니까?"

"대왕이여, 그것은 짠맛만을 잘라서 나를 수 없기 때문입니다. 짠맛과 무게라는 두 가지 성질은 소금에 있어서는 실제로 하나로 되어 있습니다. 그러나 원래는 영역을 달리하고 있습니다. 대체로 소금을 저울로 달 수 있습니까?"

"그렇습니다. 달 수 있습니다."

"아닙니다. 대왕이여, 소금은 저울로 달 수는 없습니다. 무게만을 저울로 달 수 있을 뿐입니다."

"잘 말씀하였습니다. 존자여."

2. 통각작용(統覺作用)과 자연법칙의 문제

왕은 물었다.

"존자여, 다섯 가지 영역[13]은 각기 다른 여러 가지 행위에 의하여 생깁니까? 아니면 한 가지 행위에 의하여 생깁니까?"

“대왕이여, 한 가지 행위에 의하여 생기는 것이 아니고, 각기 다른 여러 가지 행위에 의하여 생깁니다.”

“비유를 들어 주십시오.”

“대왕이여, 한뙈기 밭에 다섯 가지 씨앗을 뿌린다면 여러 가지 씨앗에서 각기 다른 여러 가지 열매가 맺어지겠습니까?”

“그렇습니다.”

“대왕이여, 마찬가지로 다섯 가지 영역은 각기 다른 여러 가지 행위에 의하여 생깁니다. 한 가지 행위에 의하여 생기는 것이 아닙니다.”

“잘 알겠습니다. 존자여.”

3. 인격의 평등과 불평등

왕은 물었다.

“존자여, 모든 사람은 어찌하여 똑같지 않습

니까? 즉 어떤 사람은 단명하고 어떤 사람은
장수하며, 어떤 사람은 잘 앓고 어떤 사람은
잘 앓지 않으며, 어떤 사람은 밉상이고 어떤
사람은 미인이며, 어떤 사람은 힘이 약하고 어
떤 사람은 힘이 세며, 어떤 사람은 가난하고
어떤 사람은 부자이며, 어떤 사람은 비천하게
태어나고 어떤 사람은 고귀하게 태어나며, 어
떤 사람은 우둔하고 어떤 사람은 영리합니까?"
　존자는 왕에게 반문했다.
　"모든 식물은 왜 똑같지 않습니까? 어떤 것
은 신맛이 나고, 어떤 것은 짠맛이 나며, 어떤
것은 쓰고, 어떤 것은 맵고, 어떤 것은 떫은맛
이 나며, 어떤 것은 단맛이 납니까?"
　"존자여, 그것들은 각기 다른 종자로부터 나
오기 때문이라고 생각합니다."
　"대왕이여, 마찬가지로 사람들은 전생의 행
위가 각기 다르기 때문에 똑같지 않습니다. 즉

전생의 행위의 결과 목숨의 길고 짧음, 빈부 귀천, 아름답고 추함, 어질고 어리석음 등 차이가 생깁니다. 이것을 세존께서는 이렇게 말씀하셨습니다. '바라문 학도들아, 생존은 제각기 자기의 업을 가지고 있고 그 업을 이어받으며, 그 업을 모태로 하고 친척으로 하며, 또 그 업에 의존하는 것이다. 업은 생존을 비천한 것과 존귀한 것으로 차별 짓는다'고."

"잘 알겠습니다. 존자여."

4. 수행의 시기

왕은 물었다.

"존자여, 그대들이 출가하여 수행하는 목적은 괴로움을 없애고, 다시 다른 괴로움이 생기지 않도록 함이라고 말씀하였습니다."

"그렇습니다. 우리가 출가하는 것은 그 때문

입니다."

"그렇다면 출가하여 수행하는 것이 미리부터 노력했기 때문입니까? 아니면 때가 왔을 때 비로소 노력해야 하는 것입니까?"

장로는 대답했다.

"때가 왔을 때 비로소 노력한다 함은 실은 해야 할 일을 하지 않은 것입니다. 미리부터 노력하는 것이어야 해야 할 일을 하는 것입니다."

"비유를 들어 주십시오."

"대왕이어, 대왕은 목이 말랐을 때 비로소 물을 마시고 싶다고 우물이나 저수지를 파게 합니까?"

"존자여, 그렇지 않습니다."

"대왕이어, 마찬가지로 때에 닥쳐 비로소 노력함은 해야 할 일을 실은 하지 않은 것이요, 미리 노력하는 것이야말로 바로 해야 할 일을

136

하는 것입니다."

"다시 한 번 비유를 들어 주십시오."

"대왕이여, 대왕은 배가 고팠을 때 비로소 음식을 먹고 싶다고 밭을 갈아 곡식을 심고 가꾸어 거둬들이게 합니까?"

"존자여, 그렇지 않습니다."

"대왕이여, 마찬가지로 때를 당하여 비로소 노력함은 해야 할 일을 실은 하지 않는 것이요, 때에 앞서서 노력함이 바로 해야 할 일을 하는 것입니다."

"또 한 번 비유를 들어 주십시오."

"대왕이여, 대왕은 전쟁이 터졌을 때 비로소 참호를 파고 성문을 만들고 망탑을 세우고 보루를 쌓게 하며 식량을 실어 들이게 합니까? 그때에 비로소 코끼리를 다루는 법과 마차를 끄는 법과 전차술과 궁술과 검술 등 전술을 익히게 합니까?"

“존자여, 그렇지 않습니다.”

“대왕이여, 마찬가지로 때를 당하여 비로소 노력함은 해야 할 일을 하지 않는 것이요, 때에 앞서서 미리 노력함이야말로 해야 할 일을 하는 것입니다. 이것을 부처님께서는 이렇게 말씀하셨습니다. ‘자기에게 복이 되는 일은 미리부터 해야 한다. 마부와 같은 생각을 하지 말고, 슬기로운 사람은 깊이 생각하며 매진할지어다. 마부가 탄탄한 대로를 버리고 울퉁불퉁한 지름길을 가다가 마차의 축을 부러트리고 낙담하는 것처럼, 정법을 등지고 잘못된 길을 따라가다가 사마(邪魔)의 입에 떨어져 비탄에 잠긴다. 바닥난 노름꾼이 파경에 처할 때처럼’이라고.”

“잘 알겠습니다. 존자여.”

5. 업의 존재에 대한 증명을 따라

왕은 물었다.

"존자여, 그대들 불교인들은 '지옥의 불은 자연의 불보다도 훨씬 더 강렬하다. 자연의 불 속에 던져진 조약돌은 하루 동안 태워도 녹지 않지만, 큰 집채만한 바위도 지옥의 불 속에 들어가면 순식간에 녹아 버린다'고 말합니다. 나는 그 말을 믿지 않습니다. 또 한편 그대들은 '지옥에 태어난 생명체는 수십만 년 동안 지옥의 불 속에서 타더라도 녹아 없어지는 일이 없다'고 말합니다. 나는 그런 말도 믿지 않습니다."

장로는 대답했다.

"대왕이여, 암상어와 암악어와 암거북과 암공작과 암비둘기들은 단단한 돌이나 자갈, 모래를 먹습니까?"

“존자여, 그렇습니다.”

“그렇다면 그 돌이나 자갈이나 모래는 뱃속
에 들어가면 녹아 버립니까?”

“그렇습니다. 녹아 버립니다.”

“그렇다면 뱃속에 든 그들의 태아도 녹습니까?”

“그렇지 않습니다.”

“어째서 녹지 않습니까?”

“존자여, 업의 제약에 의하여 녹지 않는다고
생각합니다.”

“대왕이여, 마찬가지로 지옥에 태어나는 생
명체는 수천 년 동안 지옥 속에 있어도 숙업의
제약에 의하여 녹지 않습니다. 지옥에 있는 생
명체는 거기서 태어나 거기서 성장하고 또 거
기서 죽습니다. 그러므로 부처님께서는 ‘악업
이 소멸될 때까지 그는 죽지 않는다’고 말씀하
셨습니다.”

“다시 한 번 비유를 들어 주십시오.”

"대왕이여, 암사자와 암호랑이와 암표범과 암캐들은 단단한 뼈나 고기를 먹습니까?"

"그렇습니다. 그들은 그런 것을 먹습니다."

"그렇다면 그런 것이 뱃속에 들어가서 녹아 버립니까?"

"그렇습니다. 녹아 버립니다."

"그들의 뱃속에 든 태아도 녹습니까?"

"그렇지 않습니다."

"어째서 녹지 않습니까?"

"존자여, 숙업의 제약에 의하여 녹지 않는다고 생각합니다."

"대왕이여, 마찬가지로 지옥에 태어난 생명체는 수천 년 동안 거기 있어도 숙업의 제약에 의하여 녹지 않습니다."

"또 한 번 비유를 들어 주십시오."

"대왕이여, 요나카인의 부녀자와 크샤트리야의 부녀자와 바라문의 부녀자와 궁성의 부녀자들은 단단한 과자나 고기를 먹습니까?”

“그렇습니다. 그들은 단단한 것을 먹습니다.”

“단단한 것들이 뱃속에 들어갔을 때 녹지 않습니까?”

“아닙니다. 녹습니다.”

“그러면 뱃속에 든 어린애도 녹습니까?”

“그렇지 않습니다.”

“어째서 녹지 않습니까?”

“존자여, 숙업의 제약에 의하여 녹지 않는다고 생각합니다.”

“대왕이여, 마찬가지로 지옥에 있는 생명체는 수천 년 동안 태우더라도 숙업의 제약 때문에 녹지 않습니다. 만일 지옥에 태어나면 그들은 거기서 성장하고 거기서 죽습니다. 그래서 부처님께서는 ‘악업이 소멸되지 않는 한 그는 죽지 않는다’고 말씀하셨습니다.”

“잘 알겠습니다. 존자여.”

6. 불교의 우주구조설

왕은 물었다.

"존자여, 그대들은 '이 세계는 물 위에 있고, 물은 바람 위에 있고, 공기는 허공 위에 있다' 고 말합니다. 나는 그것을 믿지 않습니다."

그때 장로는 꽃병에 물을 담아다가 왕에게 보이고 말했다.

"이 물이 대기(風)에 의해 지탱되는 것처럼 세계의 물도 공기에 의해 지탱되고 있습니다."

"잘 알겠습니다. 존자여."

7. 이상(理想)의 경지인 열반은 소멸되어 없어지는가?

왕은 물었다.

"열반이란 소멸되어 없어지는 것입니까?"

"그렇습니다. 대왕이여."

"어찌하여 열반은 소멸되어 없어집니까?"

"대왕이여, 모든 어리석은 개체들은 안팎의 여섯 가지 영역(감각 기관과 감각 대상)을 즐겨하고, 반겨하고 집착합니다. 그래서 그들은 욕정의 흐름에 끌려 태어나고 늙고 죽고, 또 근심, 슬픔, 고통, 쓰라림과 절망 등으로부터 벗어나지 못합니다. 즉 괴로움으로부터 해탈하지 못한다고 합니다. 그러나 슬기로운 사람들은 안팎의 여섯 가지 영역을 즐겨하지 않고, 거기에 집착하지도 않습니다. 그런 것에 집착하지 않는 만큼 그에게서 애착이 소멸되고, 애착이 끊어지므로 집착이 끊어지고, 집착이 끊어지므로 생존 일반이 끊어지고, 생존 일반이 끊어지므로 태어남이 없고, 태어남이 없으므로 늙음과 죽음과 근심, 슬픔, 고통, 쓰라림, 절망이 없어집니다. 이리하여 모든 고통의 덩어리가 끊

어집니다. 그러므로 열반은 소멸되어 없어집니
다."
　"잘 알겠습니다. 존자여."

8. 누구나 열반을 얻는가?

왕은 물었다.
　"존자여, 모든 사람이 열반을 얻습니까?"
　"대왕이여, 누구나 열반을 얻는 것은 아닙니
다. 그러나 바른 길을 걷고, 잘 알아야 할 법을
잘 알고, 완전하게 알아야 할 법을 완전하게
알며, 끊어야 할 법을 끊고, 닦아야 할 법을 닦
으며, 실천해야 할 법을 실천하는 사람은 열반
을 얻습니다."
　"잘 알겠습니다. 존자여."

9. 열반이 즐거운 것을 어떻게 아는가

왕은 물었다.

"존자여, 아직 열반을 얻지 못한 사람이 열반이 얼마나 행복한 상태인가를 알 수 있습니까?"

"그렇습니다. 알다 뿐입니까."

"아직 열반을 얻지도 않았는데 어떻게 그것을 알 수 있습니까?"

"대왕이여, 손발을 잘린 적이 없는 사람이 손발을 잘린 것이 얼마나 슬픈 일인가를 알 수 있습니까?"

"그렇습니다. 존자여, 그런 줄을 압니다."

"그들은 어떻게 그것을 압니까?"

"손발을 잘린 사람이 비통해 하는 소리를 듣고 슬픈 일인 줄 압니다."

"대왕이여, 마찬가지로 아직 열반을 얻지 못

한 사람도 열반을 체득한 사람의 즐거운 말을
듣고 열반이 얼마나 행복한 상태인가를 알 수
있습니다.”
　“잘 알겠습니다. 존자여.”

✳ 5장

1. 부처님은 실재하는가

왕은 물었다.
"존자여, 부처님을 보신 적이 있습니까?"
"아닙니다."
"그러면 그대의 선생님은 부처님을 보신 적이 있습니까?"
"아닙니다."
"존자여, 그렇다면 부처님은 계시지 않습니까?"
"대왕이여, 그대는 히말라야 설산에 있는 우아하아 강을 보신 일이 있습니까?"
"없습니다."
"그대의 아버지는 그 강을 보신 일이 있습니

까?"

"없습니다."

"대왕이여, 그렇다면 우아하아 강은 없습니까?"

"존자여, 그 강은 있습니다. 나도 아버지도 우아하아 강을 본 적이 없습니다만, 그 강은 실지로 있습니다."

"대왕이여, 마찬가지로 나도 선생님도 부처님을 뵌 적은 없습니다. 그러나 부처님은 실제로 계셨습니다."

"잘 알겠습니다. 존자여."

2. 부처님은 뛰어난 분(無上者)이신가 ①

왕은 물었다.

"존자여, 부처님은 출중한 분이십니까?"

"그렇습니다. 세상에서 가장 높으신 분(無上

者)입니다."

"그대는 한 번도 본 일이 없을 텐데 그분이 출중하시다는 것을 어떻게 압니까?"

"대왕이여, 대해를 본 일도 없는 사람들이 '대해는 광대무변하고 깊이를 헤아릴 수 없으며, 다섯 개의 큰 강, 즉 갠지스강, 줌나강, 아키라바티이강, 사라부우강, 마히이강 등이 대해로 흘러 들어가지만 대해는 더 줄거나 더 차는 일이 없다는 것'을 알겠습니까?"

"그렇습니다. 압니다."

"대왕이여, 마찬가지로 나는 위대한 불제자들이 완전한 열반에 도달하는 것을 보고, 부처님은 세상에서 가장 높으신 분이라는 것을 압니다."

"잘 알겠습니다. 존자여."

3. 부처님은 뛰어난 분이신가 ②

왕은 물었다.

"존자여, 다른 사람들도 부처님이 이 세상에서 가장 높으신 분이라는 것을 알 수 있습니까?"

"그렇습니다. 다른 사람들도 알 수 있습니다."

"어떻게 다른 사람들도 그것을 알 수 있습니까?"

"대왕이여, 옛날 텃사 장로라는 서예가가 있었습니다. 그분이 죽은 뒤 많은 세월이 지났는데, 사람들은 어떻게 그 서예가가 있었다는 것을 알 수 있습니까?"

"존자여, 그분이 남긴 서예에 의하여 알 수 있습니다."

"대왕이여, 마찬가지로 진리가 무엇인가를

본 사람은 부처님이 어떤 분이라는 것을 압니
다. 왜냐하면 부처님께서는 진리(法)를 말씀하
셨기 때문입니다.”
　“잘 알겠습니다. 존자여.”

4. 윤회(輪廻)의 주체는 전생(轉生)하지 않는다

　왕은 물었다.
　“존자여, 사람이 죽었을 때 윤회의 주체가
저 세상에 옮아감(轉移)이 없이 다시 태어날
수 있습니까?”
　“그렇습니다. 옮아감이 없이 다시 태어날 수
있습니다.”
　“어찌하여 그럴 수가 있습니까? 비유를 들어
주십시오.”
　“대왕이여, 어떤 사람이 한 등잔에서 다른

등잔으로 불을 붙인다고 합시다. 이런 경우 한 등잔이 다른 등잔으로 옮아간다고 할 수 있습니까?"

"그렇지 않습니다."

"대왕이여, 마찬가지로 윤회의 주체는 한 몸에서 딴 몸으로 옮아감이 없이 다시 태어나는 것입니다."

"다시 한 번 비유를 들어 주십시오."

"대왕이여, 그대가 어렸을 때 어떤 스승으로부터 배운 시를 지금 기억합니까?"

"그렇습니다. 기억할 수 있습니다."

"그러면 그 시는 스승으로부터 그대에게 옮겨진 것입니까?"

"아닙니다. 그렇지 않습니다."

"대왕이여, 마찬가지로 몸이 옮김 없이 다시 태어나는 것입니다."

"잘 알겠습니다. 존자여."

5. 영혼 같은 것은 없다

왕은 물었다.

"존자여, 영혼 같은 것이 있습니까?"

"대왕이여, 참뜻(第一義·勝義)에 있어서 영혼 같은 것은 존재하지 않습니다."

"잘 알겠습니다. 존자여."

6. 업(業)은 어디에 있는가?

왕은 물었다.

"존자여, 이 명칭과 형태(정신과 육체 즉 인격적 개체)에 의하여 선행이나 악행을 짓게 되는 업은 어디에 머무릅니까?"

"대왕이여, 그림자가 형체를 떠나지 않는 것처럼 업은 인격적 개체에 수반됩니다."

"업은 '여기에 있다, 또는 저기에 있다'고 지

적할 수 있습니까?”

“존자여, 그럴 수 없습니다.”

“대왕이여, 마찬가지로 생명체의 연속이 끊어지지 않는 한 ‘그 업이 여기 있다, 또는 저기 있다’고 지적할 수 없습니다.”

“잘 알겠습니다. 존자여.”

7. 과거나 미래에 대한 의식의 연속
- 다시 태어날 것을 알 수 있다 -

왕은 물었다.

“존자여, 저 세상에 다시 태어날 것을 압니까?”

“대왕이여, 알 수 있습니다.”

“비유를 들어 주십시오.”

“대왕이여, 한 가장인 농부가 곡식을 땅에 심고 나서 비가 알맞게 온다면, 그는 곡식이 나오리라는 것을 알 수 있습니까?"
"그렇습니다. 그는 압니다."
"대왕이여, 마찬가지로 저 세상에 장차 태어
날 자는 자기가 태어날 것을 미리 압니다."
"잘 알겠습니다. 존자여."

8. 열반하신 부처님은 어디에 계시는가

왕은 물었다.
"존자여, 부처님은 실지로 계십니까?"
"그렇습니다. 계십니다."
"존자여, 그렇다면 여기 계신다든가 저기 계
신다든가 지적할 수 있습니까?"
"대왕이여, 부처님은 번뇌를 소멸하고, 남은
육체를 여읜 완전한 열반의 경지에서 완전한
열반에 들었습니다. 부처님은 실제로 여기 계
신다든가 저기 계신다든가 지적할 수 없습니

다."

　"비유를 들어 주십시오."

　"대왕이여, 큰불이 타고 있을 때 그 불꽃이 사라졌는데도 '불꽃이 여기 있다, 저기 있다'고 지적할 수 있겠습니까?"

　"아닙니다. 존자여, 불꽃이 없어지면 불꽃을 지적할 수 없습니다."

　"대왕이여, 마찬가지로 부처님은 번뇌의 불을 끔과 동시에 남은 육체를 떠난 완전한 열반에 드셨습니다. 이미 가버린 부처님을 여기 계신다든가, 저기 계신다든가 지적할 수는 없습니다. 그러나 진리를 몸으로 삼고 있는 것에 의하여 부처님을 지적할 수 있습니다. 왜냐하면 진리는 부처님에 의하여 전해졌기 때문입니다."

　"잘 알겠습니다. 존자여."

�֍ 6장

1. 출가한 자에게 육신은 소중한가?

왕은 물었다.

"존자여, 출가한 자에게 육신은 소중합니까?"

"아닙니다. 출가한 자는 육신을 사랑하지 않습니다."

"그렇다면 왜 그대들은 육신을 아끼고 사랑합니까?"

"대왕이여, 그대들은 싸움터에 나가 화살을 맞은 일이 있습니까?"

"그렇습니다. 있습니다."

"대왕이여, 그런 경우 그 상처에 연고를 바르고 기름약을 칠하고 붕대를 감았습니까?"

"그렇게 했습니다."

"그렇다면 연고를 바르고 기름약을 칠하고 붕대로 감은 것은 그 상처가 소중해서였습니까?"

"아닙니다. 상처가 소중한 것은 아닙니다. 상처의 살이 새 살로 나오게 하기 위해서 그랬을 뿐입니다."

"대왕이여, 마찬가지로 출가한 자에게 육신은 소중한 것이 아닙니다. 출가한 자는 육신에 집착하는 것이 아니라 청정한 수행을 이룩하기 위하여 육신을 유지합니다. 부처님께서는 '육신은 상처와 같은 것이다'고 말씀하셨습니다. 따라서 출가한 자는 육신에 집착하는 것이 아니라 육신을 상처처럼 보호합니다. 부처님께서는 '육신은 끈적끈적한 살갗에 덮인 아홉 개의 구멍이 있는 종기와 같다. 부정(不淨)하고 악취 있는 것이 여기저기서 흘러나온다'고 말씀하셨습니다."
"잘 알겠습니다. 존자여."

2. 부처님 가르침의 실천적 성격에 관하여

왕은 물었다.
"존자여, 부처님은 모든 것을 아시고 예견하신 분입니까?"
"그렇습니다. 부처님은 모든 것을 아실 뿐 아니라 모든 것을 예견했습니다."
"그렇다면 부처님은 어째서 제자들에게 비구 승단의 규율을 한꺼번에 제정하지 않으시고 기회 있을 때마다 마련해 주었습니까?"
"대왕이여, 지구상의 모든 의약을 알고 있는 의사가 있겠습니까?"
"그렇습니다. 아마 있을 것입니다."
"대왕이여, 의사는 이미 병들었을 때 환자에

게 투약을 합니까? 아니면 병들기 전에 투약을 합니까."

"존자여, 병든 다음에 투약을 합니다."

"대왕이여, 마찬가지로 부처님은 모든 것을 아시고 모든 것을 예견하신 분입니다. 제자들에게 때가 아닌 때에 익혀야 할 규율을 마련해 주시지는 않았습니다. 생활하는 동안 필요성이 생겼을 때 범해서는 안 될 규율을 마련해 주었습니다."

"잘 알겠습니다. 존자여."

3. 부처님의 서른두 가지 위인의 특징에 관하여

왕은 물었다.

"존자여, 부처님은 위인이 지니는 서른두 가지 신체상의 특징(三十二相)을 갖추시고, 여든

가지 부수적인 특징(八十種好)으로 빛나시며, 금빛같이 피부는 빛나고, 몸 주위의 약 6피트 거리까지 빛이 방광을 하였습니까?"

"대왕이여, 세존께서는 그러하셨습니다."

"그분의 부모도 그러하셨습니까?"

"아닙니다. 그렇지 않았습니다."

"그런데 부처님은 부모를 닮아 태어나셨을 것이 아닙니까? 아들은 부모 중의 어느 한쪽과 같거나 비슷하거나 하지 않습니까?"

장로는 대답했다.

"대왕이여, 잎이 백 개나 되는 연꽃이 있습니까?"

"있습니다."

"그것은 어디서 성장합니까?"

"진흙 속에서나 물 속에서 성장합니다."

"그렇다면 그 연꽃은 색깔이나 향기나 맛이 연못의 진흙을 닮습니까?"

“그렇지 않습니다.”

“그렇다면 색깔이나 향기나 맛이 물을 닮습
니까?”

“그렇지도 않습니다.”

“대왕이여, 마찬가지로 부처님의 부모는 위
인이 지니는 서른두 가지 신체상의 특징을 갖
추지도 않았고, 여든 가지 부수적인 특징으로
빛나지도 않았으며, 피부가 금빛으로 된 몸도
아니며, 몸 주위의 6피트 거리를 방광하지도
않았습니다. 그러나 부처님은 그대가 말한 대
로 여러 가지 특징을 가지고 태어났습니다.”

“잘 알겠습니다. 존자여.”

4. 부처님은 지혜를 가진 최고의 인격자다

왕은 물었다.

“존자여, 부처님은 청정한 수행자였습니까?”

“그렇습니다. 부처님은 청정한 수행자였습니다.”

“존자여, 그러면 부처님은 범천(梵天)의 제자였습니까?”

“대왕이여, 그대는 훌륭한 코끼리를 가지고 계십니까?”

“그렇습니다.”

“그 코끼리는 전에 학의 울음소리를 낸 일이 있습니까?”

“그렇습니다.”

“그렇다면 그 코끼리는 학의 제자입니까?”

“그렇지 않습니다.”

“그러면 범천은 지혜를 가지고 있습니까? 있지 않습니까?”

“지혜를 가지고 있는 분입니다.”

“대왕이여, 그렇다면 범천은 정말로 부처님의 제자입니다.”

“잘 알겠습니다. 존자여.”

5. 부처님은 계행(戒行)을 갖춘 최고의 인격자다

왕은 물었다.
“존자여, 원만하게 갖춘 계행은 훌륭한 것입니까?”
“그렇습니다. 착하고 아름다운 것입니다.”
“부처님은 원만하게 갖춘 계를 받았습니까? 아니면 받지 못하였습니까?”
“대왕이여, 부처님께서는 보리수 아래서 몸소 모든 것을 아는 지혜와 함께 원만하게 갖춘 계도 받았습니다. 그러나 부처님이 불제자들에게 생활하는 동안 범해서는 안 될 규율을 마련해 준 것처럼, 딴 사람으로부터 받은 것은 아닙니다.”

“잘 알겠습니다. 존자여.”

6. 인정을 초월하는 것과 진리를 사랑하 는 정신

왕은 물었다.

“존자여, 어머니가 죽어서 우는 사람도 있고, 진리를 사랑해 울부짖는 사람도 있습니다. 이 들 두 사람 중 어느 쪽이 약이 됩니까?”

“대왕이여, 한쪽 사람에게는 세 가지 생각, 즉 탐욕(貪)·노여움(瞋)·어리석음(癡)으로 타 오르는 번뇌가 있으며, 또 한쪽 사람에게는 기 쁜 마음으로 진리를 듣고 얻는 티없는 청량(淸 凉)함이 있습니다. 그런데 청량함과 정적(靜寂) 은 약이 되지만, 번뇌와 정염(情炎)은 약이 될 수 없습니다.”

“잘 알겠습니다. 존자여.”

7. 해탈을 얻은 사람의 생존

왕은 물었다.

"존자여, 욕정으로 가득 차 있는 사람과 욕정을 비워 버린 사람 사이에는 어떤 구별이 있습니까?"

"한쪽 사람은 집착에 의하여 압도되고, 한쪽 사람은 압도되지 않습니다."

"그 말은 무슨 뜻입니까?"

"대왕이여, 한쪽 사람은 욕구하고 한쪽 사람은 욕구하지 않습니다."

"존자여, 나는 이렇게 봅니다. 탐욕을 갖는 사람이나 갖지 않는 사람이나 다같이 굳은 음식이든 부드러운 음식이든 먹기 좋은 것을 바라고 맛있는 것을 바라지 않습니까?"

"대왕이여, 탐욕을 떠나지 않는 사람은 맛에 대한 탐착을 가지고 음식과 맛을 즐기지만, 탐

욕을 떠난 사람은 음식 맛을 느낄 뿐이지 탐착
은 하지 않습니다.”
　“잘 알겠습니다. 존자여.”

8. 지혜는 어디에 깃들이고 있는가

　왕은 물었다.
　“존자여, 지혜는 어디에 깃들이고 있습니
까?”
　“대왕이여, 아무 데도 깃들이고 있지 않습니
다.”
　“존자여, 지혜는 없습니까?”
　“대왕이여, 바람은 어디에 살고 있습니까?”
　“존자여, 아무 데도 살고 있지 않습니다.”
　“그렇다면 바람은 없습니까?”
　“잘 말씀하였습니다. 존자여.”

9. 윤회란 생사의 연속을 말한다

왕은 물었다.

"존자여, 그대가 말씀한 윤회란 무엇을 뜻합니까?"

"대왕이여, 이 세상에 태어난 사람은 이 세상에서 죽고, 이 세상에서 죽은 자는 저 세상에 태어나며, 저 세상에서 태어난 자는 저 세상에서 죽고, 저 세상에서 죽은 자는 다시 딴 세상에 태어납니다. 윤회가 뜻하는 것은 이런 것입니다."

"비유를 들어 주십시오."

"어떤 사람이 잘 익은 망고를 먹고 씨를 땅에 심었다고 합시다. 그 씨앗에서 망고나무가 성장하여 열매를 맺을 것입니다. 다시 그 나무에 열린 망고를 따먹고 씨를 땅에 심으면 다시 나무로 성장하여 열매를 맺게 될 것입니다. 이와 같이 망고나무의 계속은 끝이 없을 것입니다. 윤회도 이와 같은 것입니다."

"잘 알겠습니다. 존자여."

10. 생각은 기억에 의존한다

왕은 물었다.

"존자여, 오래 전의 과거에 행한 일을 상기하는 것은 무엇에 의합니까?"

"기억에 의합니다."

"우리가 상기하는 것은 마음에 의한 것이지 기억에 의한 것이 아닙니다."

"대왕이여, 그대가 잊어버린 일을 상기할 수 있습니까?"

"있습니다."

"그렇다면 잊어버린 때에는 마음이 없습니까?"

"아닙니다. 그 때에는 기억하지 못했습니다."

"그렇다면 그대는 왜 마음에 의하여 상기하는 것이지 기억에 의하여 상기하는 것은 아니라고 합니까?"

"잘 알겠습니다. 존자여."

11. 기억(念)은 어디서 일어나는가?

왕은 물었다.

"존자여, 기억은 주관적 의식으로부터 자각적으로 일어납니까? 또는 외부로부터의 시사(示唆)에 의하여 이루어지는 것입니까?"

"주관적 의식(自證)으로부터도 일어나고 외부로부터도 이루어집니다."

"그렇다면 모든 기억은 근원적으로 주관적 의식으로부터 일어나는 것이지 외부로부터 조성되는 것은 아닙니다."

　"대왕이여, 만일 외부로부터 조성되는 기억이 없다고 한다면, 공부하는 사람이 일이나 기술이나 학문에 관해서 해야 할 것은 아무 것도 없으며, 스승도 소용없을 것입니다. 그러나 외부로부터 조성되는 기억이 있기 때문에 일이나 기술이나 학문에 관해서 해야 할 것이 있고 스승도 필요한 것입니다."

　"잘 알겠습니다. 존자여."

❋ 7장

1. 열일곱 가지 기억 형식

왕은 물었다.

"존자여, 기억은 몇 가지 방법에 의하여 일어납니까?"

"대왕이여, 기억은 열여섯 가지 방법에 의하여 일어납니다. 첫째 기억은 자각적 회상에 의하여 일어나며, 둘째는 외부로부터 조성에 의하여 일어나며, 셋째는 어느 기회에 주어진 강한 인상에 의하여 일어나며, 넷째는 이익을 식별하는 데서 일어나며, 다섯째는 이익 아님을 식별하는 데서 일어나며, 여섯째는 서로 비슷한 모습(相)으로부터 일어나며, 일곱째는 서로 다른 모습(相)으로부터 일어나며, 여덟째는 서로 이야기한 지식의 내용으로부터 일어나며, 아홉째는 특징으로부터 일어나며, 열째는 상기로부터 일어나며, 열한째는 기호(記號)로부터 일어나며, 열두째는 셈하는 것으로부터 일어나며, 열셋째는 암송(暗誦)으로부터 일어나며, 열넷째는 수행으로부터 일어나며, 열다섯째는 서적을 참고하는 데서 일어나며, 열여섯째는 저당물(抵當物)로부터 일어나며, 열일곱째는 일찍이 경험한 일로부터 일어납니다.”

“어찌하여 기억은 자각적 회상으로부터 일어납니까?”

“전생을 상기하는 사람들이 전생을 회상하는 것과 같습니다. 그와 같이 기억은 자각적 회상으로부터 일어납니다.”

“어찌하여 외부로부터 조성되어 일어납니까?”

“본래 잊어버리기 쉬운 사람에게 딴 사람이

그에게 상기시키기 위하여 반복하는 것과 같
습니다. 그와 같이 기억은 외부로부터 조성되
어 일어납니다."

　"어찌하여 기억은 어느 기회에 주어진 강한
인상으로부터 일어납니까?"

　"왕위에 오르는 대관식을 했을 때나 성자의
경지에 도달한 자로서의 과보를 얻었을 때처
럼, 기억은 어느 기회에 주어진 강한 인상에
의하여 일어납니다."

　"어찌하여 기억은 이익을 식별하는 데서 일
어납니까?"

　"어떤 일에서 행복을 얻은 사람이 이러한 일
에서 이러한 행복을 얻었다고 상기하는 것처
럼, 기억은 이익을 식별하는 데서 일어납니다."

　"어찌하여 기억은 이익 아님을 식별하는 데
서 일어납니까?"

　"어떤 일에서 고통을 받은 사람이 이러한 일

에서 고통을 받았다고 상기하는 것처럼, 기억
은 이익 아님을 식별하는 데서 일어납니다."

"어찌하여 기억은 서로 비슷한 것으로부터
일어납니까?"

"비슷한 사람을 보고 어머니나 아버지나 형
제나 자매를 상기하는 것과 같고, 또 낙타나
수소나 노새를 보고 그와 비슷한 낙타나 수소
나 노새를 상기하는 것과 같습니다."

"어찌하여 기억은 서로 다른 것으로부터 일
어납니까?"

"어떤 것에 대하여 모양은 이러하고, 소리는
이러하고, 향기는 이러하고, 맛은 이러하고, 촉
감은 이러하다고 상기하는 것과 같습니다."

"어찌하여 기억은 서로 이야기한 지식으로
부터 일어납니까?"

"본래 잊어버리기 쉬운 사람이 있을 때, 딴 사
람이 상기하게 하여 상기하는 것과 같습니다."

“어찌하여 기억은 특징으로부터 일어납니까?”

“찍힌 도장에 의하여 소를 알아보고, 특징에 의하여 알아보는 것과 같습니다.”

“어찌하여 기억은 상기(相起)로부터 일어납니까?”

“본래 건망증이 있는 사람에게 상기하라 상기하라고 되풀이하여 상기시키는 것과 같습니다.”

“어찌하여 기억은 기호로부터 일어납니까?”

“서예를 배운 사람이 이 글자 다음에 저 글자를 써야 한다는 것을 아는 것과 같습니다.”

“어찌하여 기억은 셈하는 것으로부터 일어납니까?”

“산술을 배움으로써 계산하는 사람이 큰 수로 셈하는 것과 같습니다.”

“어찌하여 기억은 암송하는 것으로부터 일어납니까?”

“암송을 배운 것에 의해 암송자는 많은 것을

암송하고 있습니다. 이와 같이 기억은 암송하는 데서 생기는 것입니다."

"어찌하여 기억은 수행으로부터 일어납니까?"

"한 생존 두 생존이라고 하는 것처럼 전생의 생존을 그 모습과 특징에 의하여 상기하는 것과 같습니다."

"어찌하여 기억은 서적을 참고하는 데서 일어납니까?"

"왕이 이전의 명령을 상기할 때 책을 가져오라고 함으로써 그 서적에 의하여 상기하는 것과 같습니다."

"어찌하여 기억은 저당물로부터 일어납니까?"

"저당한 물건을 보고서 그것이 저당된 사정을 상기하는 것과 같습니다."

"어찌하여 기억은 경험한 일로부터 일어납니까?"

"전에 보았으므로 소리를 상기하고, 전에 맛
보았으므로 맛을 상기하고, 전에 만져 보았으
므로 만진 것을 상기하고, 전에 식별했으므로
사상(法)을 상기하는 것과 같습니다."

"잘 알겠습니다. 존자여."

2. 염불로써 구하는 것

왕은 물었다.

"존자여, 그대들은 이렇게 말합니다. '백 년
동안 악행을 했더라도 죽을 때 한 번만 부처님
을 생각한다면 그 사람은 천상에 태어날 수 있
을 것이다'라고. 나는 이것을 믿지 않습니다.
또 그대들은 이렇게 말합니다. '단 한 번의 살
생으로도 지옥에 태어난다'라고. 나는 이것도
믿지 않습니다."

"대왕이어, 조그마한 돌이지만 배에 싣지 않

고 물 위에 띄울 수 있습니까?”

“그럴 수 없습니다.”

“대왕이여, 백 개의 수레에 실을 만한 바위라도 배에 싣는다면 물 위에 뜰 수 있습니까?”

“그렇습니다. 물 위에 뜰 수 있습니다.”

“대왕이여, 선업(善業)은 마치 그 배와 같습니다.”

“잘 알겠습니다. 존자여.”

3. 수행(修行)의 목적

왕은 물었다.

“존자여, 그대들은 과거의 괴로움을 버리기 위하여 노력합니까?”

“아닙니다.”

“그러면 미래의 괴로움을 버리기 위하여 노력합니까?”

"그렇지 않습니다."

"그러면 현재의 괴로움을 버리기 위하여 노력합니까?"

"그렇지도 않습니다."

"만일 그대들이 과거의 괴로움이나 미래의 괴로움이나 현재의 괴로움을 버리기 위하여 노력하는 것이 아니면 무엇 때문에 그처럼 노력합니까?"

장로는 대답한다.

"대왕이여, 우리들은 이 괴로움은 사라지고 저 괴로움이 생기지 말아 주기를 바라는 소원 때문에 노력합니다."

"존자여, 미래의 괴로움은 있습니까?"

"없습니다."

"존자여, 그대들은 지금 있지도 않은 괴로움을 버리기 위하여 노력한다고 하니 지나치게 슬기롭습니다."

“대왕이여, 그대는 이전에 어떤 적국의 왕을 원수나 대적자로서 맞선 일이 있었습니까?”

“있었습니다.”

“그대는 그때에야 비로소 참호를 파고, 보루를 쌓고, 성문을 달고, 망탑을 세우고, 양곡을 실어 오게 하였습니까?”

“아닙니다. 그것들은 모두 미리 준비해 두었습니다.”

“그대는 그때에야 비로소 상술을 익히고, 마술을 연습하고, 차술을 훈련하고, 궁술을 수련하게 하였습니까?”

“아닙니다. 존자여. 그것들을 미리 익혀 두게 하였습니다.”

“어떤 목적 때문에 그러했습니까?”

“장차의 위험을 막기 위해서였습니다.”

“대왕이여, 미래의 위험이 지금 존재합니까?”

“존재하지 않습니다.”

“대왕이여, 그대는 지금 존재하지도 않는 미래의 위험에 대비하기 위하여 그런 일을 한다니 지나치게 슬기롭습니다.”

“비유를 들어 주십시오.”

“대왕이여, 그대는 목이 말랐을 때 비로소 물을 마시고 싶다고 하여 우물을 파고 저수지를 만듭니까?”

“존자여, 그렇지 않습니다. 그런 일은 모두 미리 준비해 둡니다.”

“무엇 때문에 그럽니까?”

“장차 목마름에 대비하기 위해서입니다.”

“그렇다면 미래의 목마름은 지금 존재합니까?”

“존재하지 않습니다.”

“대왕이여, 그대는 지금 존재하지도 않는 미래의 목마름에 대비한다니 지나치게 슬기롭습니다.”

“다시 한 번 비유를 들어 주십시오.”

“대왕이여, 그대는 어떻게 생각하십니까? 그대는 배가 고팠을 때 비로소 무엇을 먹고 싶다고 하여 밭을 갈고 씨앗을 심습니까?”

“그렇지 않습니다. 그런 일은 미리 준비합니다.”

“무엇 때문에 그럽니까?”

“미래의 배고픔을 막기 위하여 준비하는 것입니다.”

“그렇다면 미래의 배고픔은 지금 존재합니까?”

“아닙니다.”

“대왕이여, 그대는 지금 존재하지도 않는 미래의 배고픔에 대비한다니 지나치게 슬기롭습니다.”

“잘 알겠습니다. 존자여.”

4. 신통력(神通力)을 갖는 자

왕은 물었다.

"존자여, 범천계는 여기서 얼마나 떨어져 있습니까?"

"여기서 참으로 멉니다. 대궐만큼 큰 바위가 그곳에서부터 떨어진다면, 하룻낮 하룻밤에 4만8천 요자나씩 떨어지는 속도로 넉 달만에 땅 위에 닿습니다."

"존자여, 그대들은 이렇게 말합니다. '힘센 사람이 구부러진 팔을 펴고 또는 펴진 팔을 구부리는 것처럼, 신통력이 있어 마음이 자재(自在)롭게 된 수행승이 이승에서 사라지면 범천계에 태어날 것이다'라고. 나는 이 말을 믿지 않습니다. 상상할 수 없을 만큼 그와 같이 빠른 속도로 다다를 수가 있습니까?"

장로는 대답했다.

“그대의 출생지는 어디입니까?”

“알라산다라는 섬에서 태어났습니다.”

“알라산다는 여기서 얼마나 떨어져 있습니까?”

“2백 요자나입니다.”

“그대는 전에 거기에서 어떤 일을 치렀는지 지금 그것을 상기할 수 있습니까?”

“할 수 있습니다.”

“대왕이여, 그대는 2백 요자나를 아주 쉽게 갔습니다.”

“잘 알겠습니다. 존자여.”

5. 사후(死後) 다시 태어나기까지의 시간

왕은 물었다.

“존자여, 여기 - 이 세상 - 서 죽어 범천계에 태어나는 사람과 여기서 죽어 카슈미르에 태어나는 사람과는 어느 쪽이 먼저 도착합니까?"

"둘 다 동시에 도착합니다."

"비유를 들어 주십시오."

"대왕은 어느 도시에서 태어났습니까?"

"칼라시라는 마을이 있습니다. 거기에서 태어났습니다."

"칼라시는 여기서 얼마나 멉니까?"

"약 2백 요자나입니다."

"카슈미르는 여기서 얼마나 멉니까?"

"12 요자나입니다."

"대왕이여, 자, 칼라시를 생각하시오."

"생각했습니다."

"카슈미르를 생각하시오."

"생각했습니다."

"어느 쪽이 더 빨리 생각되었습니까?"

"어느 쪽이나 같은 시간이었습니다."

"대왕이여, 마찬가지로 여기서 죽어 범천계

에 태어나는 것이나, 여기서 죽어 카슈미르에 태어나는 것이나 동시입니다. 빠르거나 늦는 것은 없습니다. 두 마리 새가 공중을 날고 있었는데, 한 마리는 높은 나무에, 다른 한 마리는 낮은 나무에 앉았다고 합시다. 두 마리가 동시에 내려앉았다면 어느 쪽 그림자가 먼저 땅에 비치겠습니까?"

"두 마리 그림자가 동시에 비치겠습니다."

"대왕이여, 그대가 말한 경우도 꼭 이와 같습니다."

"잘 알겠습니다. 존자여."

6. 깨달음에 이르는 일곱 가지 지혜(七覺支)

왕은 물었다.

"존자여, 깨달음에 이르는데 몇 가지 지혜가 있습니까?"

"대왕이여, 일곱 가지가 있습니다."

"몇 가지 지혜에 의하여 깨치게 됩니까."

"한 가지 지혜, 즉 진리의 추구라는 지혜에 의합니다."

"그렇다면 왜 일곱 가지가 있다고 하였습니까?"

"대왕이여, 칼이 칼집에 들어 있고 손에 쥐어져 있지 않다고 합시다. 베고 싶은 것을 벨 수 있습니까?"

"벨 수 없습니다."

"대왕이여, 마찬가지로 진리의 추구라는 한 가지 지혜가 없으면, 그 밖의 여섯 가지 지혜에 의하여 깨달음에 이를 수가 없습니다."

"잘 알겠습니다. 존자여."

7. 공덕(功德)을 증대시킴으로써 얻는 것

왕은 물었다.

　"존자여, 선행의 과보로써 얻는 공덕과 악행의 과보로써 얻는 죄과는 어느 쪽이 더 큽니까?"

　"공덕, 즉 복이 더 큽니다."

　"어째서 그러합니까."

　"대왕이여, 죄과를 짓는 사람은 자기의 악행을 알아차리고 후회하게 됩니다. 그러므로 죄과는 증대하지 않습니다. 그러나 공덕을 짓는 사람은 후회하는 일이 없으며, 자기에게 기쁨이 생기고, 환희가 생기며, 몸이 편안해지고, 안락감을 가지며, 마음은 통일 평정되어 사물을 있는 그대로 여실하게 봅니다. 그러므로 공덕(복)은 증대하는 것입니다. 대왕이여, 예를 들면 죄를 짓고 손발이 잘린 사람이라도 한 묶음의 연꽃을 부처님께 바친다면, 구십일 겁 동안 지옥에 떨어지지 않는다고 합니다. 이것이 내가 '공덕은 죄과보다 더 크다'고 한 이유입니다."

“잘 알겠습니다. 존자여.”

8. 모르고 짓는 악행은 죄과가 더 크다

왕은 물었다.

“존자여, 알면서 악행을 짓는 사람과 몰라서 악행을 짓는 사람 중 누가 화가 더 큽니까?”

“대왕이여, 몰라서 악행을 짓는 사람이 화가 더 큽니다.”

“존자여, 그렇다면 우리 왕자나 대신들이 모르고 잘못을 범한다면 그에게 갑절의 벌을 내려야 하겠습니다.”

“대왕이여, 이글이글 불에 단 쇳덩어리를 한 사람은 모르고 붙잡았고, 한 사람은 알고 붙잡았다면 어느 쪽이 심하게 데겠습니까?”

“모르고 붙잡은 사람이 더 심하게 뎁니다.”

“마찬가지로 모르고 악행을 짓는 사람이 더

화가 큽니다.”
　“잘 알겠습니다. 존자여.”

9. 신통력(神通力)과 마음의 자재력(自在力)

　왕은 물었다.
　“존자여, 이 육신을 가진 채로 웃다라쿠루 (북방의 이상향)나 범천계나 딴 대륙으로 갈 수 있는 자가 있습니까?”
　“있습니다.”
　“어떻게 하여 갈 수 있습니까?”
　“대왕이여, 그대는 전에 지상에서 반 길이나 한 길을 건너뛴 것을 기억합니까?”
　“그렇습니다. 존자여. 나는 8라타니를 건너 뛸 수 있었습니다.”
　“어떻게 하여 그렇게 뛸 수 있었습니까?”
　“나는 뛰겠다고 마음먹고 결심한 순간 내 몸

이 가벼워지는 것 같았습니다.”

“대왕이여, 마찬가지로 신통력이 있고 마음의 자재력을 가진 수행자가 어떤 경우 자기가 뛰어 오르겠다고 마음먹는다면 마음의 힘에 의하여 공중을 날아갑니다.”

“잘 알겠습니다. 존자여.”

10. 장장 7백 마일의 뼈

왕은 물었다.

“존자여, 그대 비구들은 백 요자나가 되는 긴 뼈가 있다고 하였습니다. 나무도 백 요자나가 되는 것이 없는데, 어떻게 하여 그렇게 긴 뼈가 있을 수 있습니까?”

“대왕이여, 바다에 5백 요자나의 긴 고기가 있다는 것을 들은 적이 있습니까?”

“그렇습니다. 들은 적이 있습니다.”

"만일, 그런 고기가 있다면 그 고기는 7백 요
자나가 되는 뼈를 가질 수 있지 않겠습니까?"
"잘 알겠습니다. 존자여."

11. 초인적인 생리 현상

왕은 물었다.
"존자여, 비구들은 들이마시는 숨과 내쉬는
숨을 멈출 수 있다고 합니다. 그것이 사실입니
까?"
"그렇습니다. 멈출 수 있습니다."
"어떻게 하여 멈출 수 있습니까?"
"대왕이여, 그대는 어떤 사람이 코 고는 소
리를 들은 적이 있습니까?"
"있습니다."
"그런데 그 소리는 몸을 구부리면 그치지 않
습니까?"

"그칩니다."

"코 고는 소리는 몸과 행위와 마음과 지혜의 수련이 없는 사람도 몸을 구부림으로써 멈출 수 있습니다. 하물며 모든 방면의 수련을 거쳐 저 높은 경지에 이른 사람이겠습니까."

"잘 알겠습니다. 존자여."

12. 큰 바다에 관한 논의

왕은 물었다.

"존자여, '바다'란 말이 있습니다. 어째서 그 물을 바다라고 부릅니까?"

장로는 대답했다.

"대왕이여, 물 만큼 많은 소금이 있고, 소금 만큼 많은 물이 있기 때문에 바다라고 부릅니다."

왕은 물었다.

"존자여, 어째서 대양은 한결같이 짠맛을 가
지고 있습니까?"
"대왕이여, 물이 영원히 있기 때문에 바다는
한결같이 짠맛을 갖고 있습니다."
"잘 알겠습니다. 존자여."

13. 지혜는 가장 미세한 것도 끊을 수 있다

왕은 물었다.
"존자여, 극히 미세한 것도 쪼갤 수 있습니
까? 만물 중에서 가장 미세한 것은 무엇입니
까?"
"대왕이여, 가장 미세하고 미묘한 것은 진리
(法)입니다. 그러나 모든 사물(諸法, 즉 모든 현
상)이 다 미세한 것은 아닙니다. 모든 법은 어
떤 것은 미세하고 어떤 것은 거칠기도 합니다.
쪼갤 수 있는 것은 무엇이든 지혜(般若)[14]로써

쪼갤 수 있으며, 지혜를 쪼갤 수 있는 것은 없습니다."

"잘 알겠습니다. 존자여."

14. 영혼과 정신작용의 구별

왕은 물었다.

"존자여, 식별(識)과 지혜(慧)와 생명체의 정신(命, 즉 정신적 자아 또는 영혼) 등 세 가지는 본질(義)과 말(語)이 각기 다른 것입니까? 아니면 본질은 같고 말만이 다릅니까?"

"대왕이어, 식별은 분별해 아는 지각을 특징으로 하고, 지혜는 이성으로 식별해 아는 것을 특징으로 하지만, 생명체의 정신 같은 것은 없습니다."

"그러나 만일 정신과 같은 것이 없다면, 무엇이 눈으로 형상을 보고, 귀로 소리를 듣고,

코로 냄새를 맡고, 혀로 맛을 보고, 몸으로 촉 감을 느끼고, 마음(意)으로 사물(法)을 식별합 니까?"

"만일 정신 같은 것이 있어서 보고, 듣고, 냄 새 맡고, 맛보고, 감촉하고, 식별한다면 눈의 문이 제거될 때 정신은 머리를 밖으로 뻗고, 더 큰 공간을 통하여 전보다 훨씬 똑똑하게 형 상을 볼 수 있지 않겠습니까? 또 귀나 코나 혀 나 피부가 제거될 때에도 마찬가지로 그 전보 다 훨씬 더 똑똑하게 소리를 듣고, 냄새를 맡 고, 맛을 알고, 감촉을 느낄 수 있지 않겠습니 까?"

"존자여, 그렇지 않습니다."

"그렇다면 육신 안에 정신 같은 것은 있을 수 없습니다."

"잘 알겠습니다. 존자여."

15. 뛰어난 심리현상의 분석

장로는 말했다.

"부처님께서는 하나의 감관 대상에 대하여 작용하는 물질적이 아닌 것, 즉 마음이나 마음의 작용인 사상(諸法)의 구별을 말씀하셨습니다. 그것은 곧 접촉(觸)이요, 감수(受)요, 표상(表象)이요, 의사(意思)요, 마음(心)이라고 하셨습니다."

"비유를 들어 주십시오."

"대왕이여, 어떤 사람이 배를 타고 바다로 나가 손바닥으로 바닷물을 떠서 맛본다고 합시다. 그 사람은 이것은 갠지스 강물이다. 이것은 줌나 강물이다. 이것은 아키라바티 강물이다. 이것은 사라브 강물이다. 이것은 마히강으로부터 흘러 내려온 물이라고 구별할 수 있겠습니까?"

“존자여, 구별할 수 없습니다.”

“대왕이여, 그보다도 더 어려운 일을 세존은
치렀습니다. 즉 하나의 감관 대상에 대하여 작
용하는 물질적이 아닌 것, 즉 마음이나 마음의
작용인 사상(諸法)의 구별을 말씀하셨습니다.
그것은 곧 접촉이요, 감수요, 표상이요, 의사
요, 마음이라고 하셨습니다.”

“잘 알겠습니다. 존자여.”

16. 대론(對論)을 끝내며

장로는 물었다.

“대왕이여, 지금 몇 시인지 아십니까?”

“알고 있습니다. 지금은 초저녁이 지나고 밤
중으로 접어들었을 뿐입니다. 등불용 횃불이
켜져 있습니다. 네 개의 기가 세워지고, 선물이
그대를 위하여 창고로부터 운반되고 있습니

다.”

요나카인들은 왕에게 이렇게 말했다.

“대왕이여, 참으로 이 수도승은 현자입니다.”

“정말 그렇다. 장로는 현자이다. 그분같이 훌륭한 스승이 있고, 나와 같은 제자가 있다면, 현자는 진리를 깨우치는데 많은 시간이 걸리지 않을 것이다.”

장로의 해답에 만족한 왕은 나가세나 장로에게 10만금의 값어치가 있는 모직 옷을 선사하고 말했다.

“나가세나 존자여, 오늘 - 사흘째 - 로부터 8백 일 동안 나는 그대에게 식사 공양을 드리겠습니다. 궁정에 있는 것 중에서 그대에게 알맞은 것은 무엇이든 바치겠습니다.”

“대왕이여, 그만 하십시오. 나는 생활할 수 있습니다.”

“나가세나 존자여, 그대가 생활할 수 있다는

것을 나는 잘 알고 있습니다. 그러나 그대 자신을 옹호하고, 또 나를 옹호해 주십시오. 즉 '나가세나 존자는 밀린다왕에게 청정한 신행을 불러 일으켰지만, 아무 것도 얻지 못했다'는 세평이 닥쳐올 것입니다. 그러니까 이러한 선물을 받음으로써 그대 자신을 옹호하십시오. 또 '밀린다왕은 청정한 신행을 얻었지만, 그러한 신행을 얻었다는 표시를 하지 않는다'는 세평이 빗발칠 것입니다. 그러니까 이러한 선물을 받으셔서 나를 옹호해 주십시오."

"그렇다면 그렇게 하십시오."

"존자여, 사자왕은 금궤 속에 들어가더라도 얼굴은 밖으로 향합니다. 마찬가지로, 나는 재가생활을 하더라도 출가하려는 생각을 가지고 얼굴을 밖으로 향하겠습니다. 그러나 내가 집을 버리고 출가하더라도 출가생활을 오래 하지 못할 것입니다. 왜냐하면 출가하려고 생각

202

하면 나의 적은 많아지기 때문입니다.”

그때, 나가세나 존자는 밀린다왕과의 문답을 마치고 자리에서 일어나 승방으로 돌아갔다. 존자가 돌아간 뒤 얼마 안 되어 밀린다왕은 ‘나는 무엇을 물었던가. 존자는 무엇을 대답했던가’고 생각했다. 그리하여 왕은 ‘나는 모든 것을 똑바로 질문했고, 그는 정확하게 대답했다’고 결론지었다.

나가세나 존자는 다음 날 아침, 옷을 입고 발우와 가사를 들고 밀린다왕의 궁정으로 갔다. 자리에 앉자 왕은 존자에게 인사 드리고 한편으로 앉았다. 그리고 이렇게 말했다.

“존자여, 그대는 내가 나가세나에게 질문했다는 즐거움 때문에 밤새도록 잠을 이루지 못한 것을 이상하게 생각하지는 마십시오. 존자여, 나는 밤새도록 생각에 잠겼습니다. 다시 말하면 ‘나는 무엇을 질문했는가? 존자는 무엇을 바르게 대답하셨는가?'를. 또 '나는 모든 것을 바로 질문했고, 존자는 모든 것을 바르게 대답하셨다'고 생각했습니다."

장로는 이렇게 말했다.

"대왕이여, 아무쪼록 이렇게는 생각하지 마십시오. 즉 '존자는 밀린다왕의 질문에 대답했다는 즐거움 때문에 뜬눈으로 새웠다'고. 대왕이여, 나는 밤새도록 생각에 잠겨 있었습니다. 즉 '밀린다왕은 무슨 질문을 했던가, 나는 무슨 대답을 주었던가'를. 또 '밀린다왕은 모든 것을 똑바로 질문하고, 나는 모든 것을 바르게 대답했다'고……"

이리하여 두 현자는 서로 올바르게 말한 일을 만족하게 생각했다.

논　란(論難)

1. 보시(布施)에 관한 네 가지 장애(障碍)

왕은 물었다.

"존자여, 그대 비구들은 '부처님은 출가자를 위한 필수품, 즉 의복과 음식물과 거처(좌구와 침구)와 질병에 소용되는 약물 등을 끊임없이 얻는다'고 말하는 한편, '부처님은 판차사알라(다섯 사라 숲)라는 바라문촌에 탁발하러 들어

갔을 때, 아무 것도 얻지 못하고 씻은 듯한 발우 그대로 돌아오지 않으면 안 되었다'고도 말합니다. 만일 앞 말씀이 진실이라면 뒤의 말씀은 잘못이요, 만일 뒤의 말씀이 진실이라면 앞 말씀은 잘못입니다. 이것도 풀기 어렵고 굉장한 양도논법(兩刀論法)[15]의 난문(難問)입니다. 난문이 이제 그대에게 제출되었습니다. 이 의문을 해결해 주십시오."

"두 가지 다 사실입니다. 그러나 바라문촌에 가신 그날, 아무 것도 얻지 못한 것은 악마 파순의 소행이었습니다."

"존자여, 도대체 세존께서 헤아릴 수 없는 긴 세월을 통하여 쌓아 올린 공덕은 그날로 끝났습니까? 악마 파순이 어떻게 부처님 공덕의 위력과 영향력을 압도할 수 있었습니까? 이런 경우, 죄과가 공덕보다 더 강력하다든지, 악마 파순의 힘이 세존의 힘보다 더 강하다든지 하는 비난이 틀림없이 일어날 것입니다. 정말 그대가 말한 그대로라면 틀림없이 나무의 뿌리는 나무의 꼭대기보다 더 무겁다든지, 죄가 있는 악인이 공덕을 쌓은 선인보다 더 강력하다고 할 것입니다."

"대왕이여, 그것만으로는 공덕보다 악이 더 강력하다든지, 또는 세존의 힘보다 악마 파순의 힘이 더 강하다고 입증할 수 없습니다. 그 사실에 대해서는 이유가 있습니다. 어떤 사람이 전륜왕에게 꿀이나 꿀로 만든 음식이나, 그 밖의 훌륭한 공물을 가져온다고 합시다. 그런데 왕의 문지기가 그 사람에게 말하기를, '지금은 임금님을 뵈올 때가 아닙니다. 임금께서 당신에게 벌을 내리기 전에 공물을 가지고 빨리 돌아가십시오'라고 했습니다. 그래서 그 사람은 매질을 당할까 두려워 공물을 가지고 총총히 돌아가 버렸습니다. 그 사람이 불시에 공물을 가져왔기 때문에 전륜왕이 받지 못했다는 이유만으로, 전륜왕이 문지기보다도 미약하겠습니까? 또 전륜왕은 그 밖의 훌륭한 선물을 받지 못하겠습니까?”

“아니올시다, 존자여. 문지기는 심술궂은 성질 때문에 공물을 가져온 사람을 돌려보냈습니다. 전륜왕에게는 그보다 몇천 갑절이나 훌륭한 공물을 딴 방법으로 얼마든지 받을 수 있습니다.”

“대왕이여, 마찬가지로 악마 파순은 시기하는 성질 때문에 판차사알라촌의 바라문과 장자들의 마음을 사로잡았습니다. 그러나 수십만의 천신들은 하늘 음식을 가지고 와서 여래(如來)[16]에게 드리고, 세존의 몸에 정력이 충만하기를 바라며 합장 예배하였습니다.”

“존자여, 세상에서 가장 높으신 세존이시라 출가자의 네 가지 필수품을 얻기 쉽다고 알고 있었습니다. 실로 세존께서는 모든 신과 사람에게 초청되어 온갖 필수품을 향수 하셨습니다. 그러나 세존께 음식물을 보시하는 것을 막으려는 악마 파순의 의도만은 달성된 셈입니다. 여기에 대하여 나의 의혹은 가시지 않습니다. 나는 아직도 여기에 대하여 의아스럽게 생각하며 망설이고 있습니다. 그처럼 영광된 공덕의 보배를 지닌 분으로 모든 신과 사람중의 최상이요 최고이신 부처님이며, 바로 깨친 여래에게 어찌하여 파순처럼 열등하고 비열하고 비천하고 죄많은 존재가 공양을 드리지 못하게 방해할 수가 있었는지 나는 석연치 않습니다."

"대왕이여, 보시물에 대하여 네 가지 방해가 있습니다. 즉 특정인을 의도하지 않은 보시물에 대한 방해, 어떤 사람을 지목한 보시물에 대한 방해, 이미 준비되어 있는 보시물에 대한 방해, 보시물의 받는 것을 방해하는 것들입니다. 첫번째는 어떤 사람을 생각하거나 고려함이 없이 보시하려고 준비된 보시물에 대하여 누군가가 '남에게 이것을 준들 무엇하겠나' 해서 방해를 하는 것이요, 두번째는 특정인에게 줄 작정으로 준비된 보시물에 대하여 누군가가 방해를 함이요, 세번째는 이미 준비된 선물이 아직 전달되지 않았을 때 그 보시물에 대하여 누군가가 방해를 함이요, 네번째는 이미 공양할 준비가 된 보시물에 대하여 그것을 전달하는 것을 누군가가 방해함입니다.

그런데 파순이 판차사알라촌의 바라문이나 장자들의 마음을 사로잡은 것은, 부처님께서 보시물을 받는 것을 방해한 것도 아니요, 세존을 위하여 이미 준비된 보시물에 대하여 방해한 것도 아니요, 세존을 위하여 특별히 의도해서 준비된 보시물에 대하여 방해한 것도 아닙니다. 그 방해는 아직 사람이 오지도 않았고,

보시물이 도착하지도 않았으며, 누구에게 보낸
다고 의도되지 않은 보시물에 대한 것입니다.
부처님 한 분에 대한 것이 아니었습니다. 그날
그 마을로 들어간 사람들은 모두 보시를 받지
못했습니다.

대왕이여, 인간계, 천계, 마계, 범천계에서,
또 바라문이나 수행자 계급에서 세존을 위하
여 이미 준비되었거나, 주어진 보시물을 방해
할 사람은 아무도 없습니다. 만일 누가 그런
경우에 방해한다면 그 사람의 머리는 백천 조
각으로 산산조각이 날 것입니다.

대왕이여, 부처님께는 아무도 침해할 수 없
는 네 가지 공덕이 있습니다. 세존을 위한 보
시물, 세존의 몸을 감도는 빛, 세존의 전지한
지혜의 보물(智慧寶), 세존의 생명 등에 대해서
는 아무도 방해할 수 없습니다. 이 네 가지는
본질적으로 동일하며, 손상되지 않고, 동요되

지 않고, 남이 공격할 수 없고, 또 작용에 의하
여 변화되지도 않습니다.

대왕이여, 악마 파순은 자기의 모습을 남의
눈에 띄지 않게 감추고서 판차사알라촌의 바
라문과 장자들의 마음을 사로잡았습니다. 도적
들이 변경지방에서 눈에 띄지 않게 숨어 대로
를 공격한다고 합시다. 만일 그들이 왕에게 발
견된다면 그들은 안전하겠습니까?"

"아닙니다. 존자여. 왕은 그들을 백천 조각으
로 베어 죽일 것입니다."

"대왕이여, 마찬가지로 파순은 모습을 보이
지 않고 숨어서 판차사알라촌의 바라문과 장
자들의 마음을 사로잡았습니다. 남편이 있는
부인이 눈에 띄지 않게 숨어서 정부와 자주 만
난다고 합시다. 정부와 정사를 맺다가 자기 남
편의 눈에 띈다면 그녀는 무사하겠습니까?"

"아닙니다. 존자여. 남편은 그녀를 죽이거나,

때려서 상처를 입히거나, 끈으로 꽁꽁 묶어서
노예로 만들거나 할 것입니다."

"대왕이여, 마찬가지로 파순은 자기 모습을
감추고 숨어서 판차사알라촌의 바라문과 장자
들의 마음을 사로잡았습니다. 만일 파순이 세
존을 위한 보시물에 대하여 방해하거나, 세존
께서 보시물을 받으시는 것을 방해했다면, 그
의 머리는 백천 조각으로 산산조각이 났을 것
입니다. 파순은 도적의 소행을 했기 때문에 그
의 몸뚱이는 한줌의 왕겨처럼 흩어졌을 것입
니다."

"잘 알겠습니다. 존자여. 그대가 말씀한 그대
로라고 나는 믿습니다."

2. 무의식적인 범죄(범죄의 동기에 대하여)

왕은 말하였다.

"존자여, 그대 비구들은 '모르고서 살생하는
자는 아주 중대한 죄과를 쌓는다'고 부처님께
서 말씀하셨다고 합니다. 또 한편으로는 세존
께서 승단의 규율을 제정하실 때 '모르고 행한
사람에게는 죄가 없다'고 말씀하셨다고 말합니
다. 만일 앞의 말씀이 옳다면 뒤의 말씀은 잘
못이요, 만일 뒤의 말씀이 옳다면 앞의 말씀은
틀림없이 잘못입니다. 이것도 회통(會通)하기
어렵고 극복하기 어려운 양도논법(兩刀論法)의
난문입니다. 난문이 이제 그대에게 제출되었으
니, 이것을 해결해 주십시오."

"대왕이여, 그대가 인용한 두 가지를 부처님
께서는 말씀하셨습니다. 그러나 양자는 뜻이
다릅니다. 대왕이여, 죄과에는 선악에 대한 생
각 없이 지은 것이 있고, 선악에 대한 생각을
가지고 지은 것이 있습니다. 세존께서는 선악
에 대한 생각을 못하고 지은 죄에 대하여 '모

르고 행한 사람에게는 죄가 없다'고 말씀하신
것입니다."

"잘 알겠습니다. 존자여. 그대가 말씀한 그대
로라고 나는 믿습니다."

3. 부처님과 그 교도들의 아집에 관하여

"존자여, 세존께서는 '아난다야, 부처님은 자
기가 승단을 지도해야 한다든가, 승단은 자기
에게 의존해야 한다든가 하는 생각을 하지 않
는다'고 말씀하셨습니다. 또 한편 부처님께서
는 마이트레야[17]의 덕성을 기술하실 때 이렇게
도 말씀하셨습니다. '내가 지금 수백 명 승단의
지도자인 것처럼, 마이트레야는 수천 명 승단
의 지도자가 될 것이다'고. 만일, 앞의 말씀이
옳다면 뒤의 말씀은 잘못이요, 또 만일 뒤의
말씀이 옳다면 앞의 말씀은 잘못입니다. 이것

도 양도논법의 난문으로서 이제 그대에게 제출되었으니, 이 난문을 해결해 주십시오.”

“대왕이여, 그대는 두 가지 다 옳게 인용하셨습니다. 그러나 그대가 제출한 난문에서 하나는 설명할 여지가 없이 포괄적이요, 또 하나는 포괄적이 아닙니다. 부처님은 대중을 추종하는 분이 아닙니다. 대중들이 부처님을 추종합니다. ‘이것은 나다’든가, ‘이것은 나의 것이다’든가 하는 것은 세상에서 일반적으로 인정받는 견해(世俗諦)에 지나지 않으며, 궁극적이고 선천적인 절대진리(第一義諦)는 아닙니다. 부처님은 마음의 갈애를 여의고 집착을 떠났으며, ‘이것은 나의 것이다’라는 망상을 벗어나 다만 남에게 도움이 되기 위해서만 사십니다.

대왕이여, 대지는 지상에 있는 생명체가 의지하는 곳이며 안주하는 곳입니다. 생명체들이 대지에 의지하고 있지만, 대지는 이것들(有情)

을 '나의 것'이라는 애착을 갖지 않습니다.

대왕이여, 마찬가지로 부처님도 모든 생명체가 의지하는 곳이며 안주하는 곳이지만, '이것들은 나의 것이다'라는 애착을 갖지 않습니다.

대왕이여, 커다란 비구름이 풀과 나무와 동물과 인간에게 비를 쏟아 그것들을 생육시키고 성장시키며, 그것들이 비에 의지하여 생을 영유해 가지만, 비구름에게 '이것들 - 생물 - 은 나의 것이다'라는 애착은 없습니다. 마찬가지로 부처님은 모든 중생에게 선한 것을 깨우쳐 주고, 그들을 선행으로 지켜줍니다. 이리하여 모든 중생은 부처님께 의지하여 생을 영유해 가지만, 부처님에게는 '이들은 나의 것이다'라는 애착은 없습니다. 부처님은 모든 애착을 버렸기 때문입니다."

"잘 알겠습니다. 존자여, 난문은 여러 가지 사례에 의하여 잘 해결되었습니다. 밀림은 환

하게 치워지고 암흑은 광명으로 변했으며, 반
대자의 논란은 무너지고 승자의 아들(佛弟子)
에게 지혜의 눈은 열렸습니다."

4. 승가(僧伽·僧團)의 분열

왕은 말하였다.

"존자여, 그대 비구들은 '부처님은 그를 따르
는 대중이 결코 흩어질 수 없게 하는 지도자
다'라고 말합니다. 그대들은 또 '5백 명의 비구
가 데바닷타[18]의 일격에 분열되었다'고도 말합
니다. 만일 앞의 말씀이 옳다면 뒤의 말씀은
잘못이요, 또 만일 뒤의 말씀이 옳다면 앞의
말씀은 잘못입니다. 이것도 양도논법의 난문으
로서 심오하여 해결 짓기가 어렵고, 얽혀진 매
듭보다 더 얽혀 있습니다. 이 난문에 대하여
세상 사람들은 눈이 가려지고 가로막히고 차

단되어 덮혀 있습니다. 반대자의 논란에 대하여 지혜의 솜씨를 보여 주십시오.”

“대왕이여, 두 가지 말이 다 옳습니다. 부처님은 그를 따르는 대중이 결코 흩어질 수 없는 분이고, 또 데바닷타의 일격에 백 명의 비구가 갈라져 나갔습니다. 갈라져 나간 것은 파괴하는 자의 힘 탓입니다.

대왕이여, 파괴하는 자가 있는 곳에는 분열되지 않는 것이 없습니다. 파괴하는 자가 있는 한, 어머니가 자식과 헤어지고 자식이 어머니와 헤어지며, 아버지가 자식과 헤어지고 자식이 아버지와 헤어지며, 형제가 자매와 헤어지고 자매가 형제와 헤어지며, 친구가 친구와 헤어집니다. 각종 재목으로 조성된 큰 배도 성난 파도에 부서지며, 열매가 주렁주렁 열리고 생기에 찬 나무도 폭풍우에 부러지며, 가장 좋은 금도 구리와 분리됩니다.

　부처님의 대중이 분열된 것은 슬기로운 사람들의 의도도 아니요, 여래의 의사도 아니요, 학식 있는 사람들의 요망도 아니었습니다. 그리고 부처님의 대중이 분열될 수 없다고 한 것에는 특별한 의미가 있습니다. 내가 아는 한 불친절한 말(不愛語)을 하거나, 이익을 못 주는 나쁜 행위(不利行)를 하거나, 모든 사람들과 함께 어울리지 않더라도(不同事) 부처님을 따르는 대중이 분열했다는 말을 듣지 못했습니다. 그런 뜻에서 부처님의 대중은 난공불락(難攻不落)입니다.

　또 그대는 이런 말을 들은 일이 있습니까? 즉 부처님의 아홉 가지 가르침(九分敎 또는 九部敎)[19]에서 보살의 행위가 부처님의 대중을 분열시켰다는 실례를 말입니다."

　"아닙니다. 존자여, 그러한 것을 세상에서 한 번도 보고 듣지 못했습니다. 존자여, 잘 알겠습

니다. 그대가 말씀한 것을 나는 그대로 믿습니
다."

5. 부처님의 지도 이념
- 일체 중생을 이롭게 함 -

"존자여, 그대 비구들은 '부처님은 모든 중생
에게 해로움을 없애 주고, 그들을 유익하게 해
준다'고 말합니다. 또 그대 비구들은 '부처님이
불덩어리의 비유를 말씀하실 때, 60명의 비구
들은 입에서 뜨거운 피를 토했다'고 말합니다.
불덩어리의 비유를 말씀함으로써 60명의 비구
에게 해로움을 주었습니다. 만일, 앞의 말씀이
옳다면 뒤의 말씀은 잘못이요, 또 만일 뒤의
말씀이 옳다면 앞의 말씀은 잘못입니다. 이것
도 양도논법의 난문으로서 이제 그대에게 제
출되었습니다. 이 난문을 해결해 주십시오."

"둘 다 진실입니다. 그러나 비구들이 뜨거운 피를 토한 것은 부처님의 소행에 의한 것이 아니고 그들 자신의 소행에 의한 것입니다."

"그러나 존자여, 부처님이 불덩어리의 비유로 법문을 말씀하지 않았더라면 그들은 생피를 토했겠습니까?"

"아닙니다. 그들이 부처님 법문을 잘못 받아들인 탓으로 열뇌(熱惱)가 생겨 뜨거운 피를 토했습니다."

"존자여, 그렇다면 부처님의 소행 때문에 그들은 생피를 토했음이 틀림없습니다. 그들을 파멸로 이끈 중요한 원인은 바로 부처님의 소행임이 틀림없습니다. 존자여, 뱀이 개미 둑으로 들어갔다고 합시다. 그때, 어떤 사람이 흙이 필요해서 개미 둑을 허물고 흙을 가져갔습니다. 흙을 가져가서 개미 구멍이 막힌다면 뱀은 곧 숨이 막혀 죽을 것입니다. 이때 뱀은 그 사람의 소행 때문에 죽게 된 것이 아니겠습니까?"

"그렇습니다."

"존자여, 마찬가지로 60명의 비구들을 파멸로 이끈 중요한 원인은 바로 부처님의 소행입니다."

"대왕이여, 부처님은 법문을 설할 때, 좋아하고 싫어하는 감정을 완전히 떠나서 설합니다. 부처님이 이같이 법문을 설할 때, 바르게 받아들이는 사람은 진리를 깨닫지만, 법문을 잘못 받아들이는 사람은 불행한 상태에 떨어집니다.

어떤 사람이 망고나무나 잠부나무나 마도카 나무를 흔들 때, 꼭지가 단단하게 붙어 있는 과일은 떨어지지 않지만 꼭지가 썩어서 단단히 붙어 있지 못한 과일은 떨어질 것입니다. 부처님이 법문을 설할 때도 그러합니다.

또 농부가 씨를 뿌리기 위하여 밭을 간다고

합시다. 그때, 농부는 수백 수천의 풀을 갈아 죽입니다. 마찬가지로 부처님이 법문을 설할 때, 바르게 받아들이는 사람은 진리를 깨닫지만 잘못 받아들이는 사람은 저 풀과 같이 되고 맙니다.

또 사람들이 단 것을 만들기 위하여 감자를 기계에 넣고 압축한다고 합시다. 감자를 압축할 때 기계 속에 묻어 들어간 벌레들은 압축되어 죽습니다. 마찬가지로 부처님은 마음이 트인 사람을 깨치게 하기 위하여 진리의 기계로 압축합니다. 그러나 잘못 묻어 들어간 사람은 저 벌레처럼 사멸합니다."

"존자여, 어쨌든 저 60명의 비구들은 부처님의 설법을 듣고 불행한 상태에 빠진 것이 아닙니까?"

"대왕이여, 여기 한 목수가 재목을 가만히 지켜보고만 있다면 그 재목을 반듯하고 매끄

럽게 할 수 있겠습니까?"

"존자여, 그렇지 않습니다. 자를 곳을 자르고 다듬어야만 재목을 반듯하고 매끄럽게 할 수 있습니다."

"대왕이여, 마찬가지로 부처님은 법문을 듣는 회중(會衆)을 보고만 있지 않습니다. 잘못 받아들이는 사람을 멀리하고 바르게 받아들이는 사람을 깨우칩니다. 그러므로 잘못 받아들이는 사람은 자신의 소행 때문에 불행한 상태에 떨어집니다.

대왕이여, 파초와 대와 암노새가 자신의 몸에서 생긴 것으로 인하여 죽는 것처럼, 잘못 받아들이는 사람들은 자신의 소행으로 인하여 불행한 상태에 떨어집니다. 또 도적은 그 자신의 소행으로 인하여 눈이 뽑히고 찔리고 목이 잘리는 벌로 처형되는 것처럼, 부처님의 설법을 잘못 받아들이는 사람들은 그들 자신의 소행으로 인하여 파멸되고 타락합니다.

대왕이여, 어떤 사람이 회중 앞에 진수성찬을 차렸다고 합시다. 사람들은 그 진수성찬을 먹고 무병장수하며 병에 걸리지 않습니다. 그러나 어떤 사람은 그것을 먹고 체하여 죽습니다. 진수성찬을 차려 놓은 사람의 보시에 무슨 잘못이라도 있습니까?"

"존자여, 그렇지 않습니다."

"대왕이여, 마찬가지로 부처님은 십천(十千)의 인천(人天) 세계에 진귀한 가르침을 보시했습니다. 그리고 그 가르침대로 실천할 수 있는 사람은 깨쳤지만, 이에 비해서 그러한 능력이 없는 사람은 그 진귀한 가르침을 받고도 파멸에 이르며 타락했습니다. 음식물은 일체 중생의 생명을 보호합니다. 그러나 어떤 중생은 그것을 먹고 도리어 설사병에 걸려 죽습니다. 음식물을 보시한 사람에게 무슨 죄악이라도 있습니까?"

"존자여, 그렇지 않습니다."

"대왕이여, 마찬가지로 부처님은 십천의 인천 세계에 진귀한 가르침을 보시했습니다. 그 가르침대로 실천할 수 있는 사람은 깨치지만, 능력이 없는 사람은 진귀한 가르침을 듣고 도리어 파멸에 이르며 타락합니다."

"잘 알겠습니다. 존자여. 그대가 말씀한 그대로라고 나는 믿습니다."

역주(譯註)와 해설

밀린다왕문경 역주(譯註)

1) 범어 kāśyapa. 석가모니부처님 이전에 나온 24부처
   님 중 마지막 부처님. 또는 6부처님 중 마지막 부처
   님.
2) 부처님의 가르침, 부처님의 말씀을 많이 듣는 것.
3) 8개 화탕지옥 중 하나. 닥쳐오는 지옥고를 그칠새
   없이 받음. 또는 그 간에 환락이라고는 조금도 섞이
   지 않으므로 무간(avici)이라 한다.
4) 오역죄(五逆罪)·오무간업(五無間業): 무간지옥에
   떨어지게 될 다섯 가지의 중죄. 아버지를 죽이고, 어
   머니를 죽이고, 아라한을 죽이고, 부처님 몸에서 피
   를 흘리게 하고, 승단의 화합을 깨뜨리는 다섯 가지

를 말함.

5) 사물의 연속: The continuity of a person or thing is maintained(Rhys Davids). 인간 정신이 전전상속(展轉相續)함이 이와 같다.

6) 윤회(輪廻): 범어 saṁsāra의 번역으로 생사(生死)라고도 번역하고 생사윤회(生死輪廻)·윤회전생(輪廻轉生)·유전(流轉)·윤전(輪轉)이라고도 한다. 수레바퀴가 굴러서 끝이 없는 것과 같이 중생이 번뇌와 업에 의해서 삼계육도(三界六道)의 미혹한 생사 세계를 거듭하면서 돌고 돌아 그치지 않는 것. 불교에서는 윤회하는 세계에 지옥·아귀·축생·아수라·인간·하늘의 육도(六道)가 있다.

7) 선도 악도 아닌 중간의 상태.

8) 근본적인 어리석음. 마음이 세상에 따라 번뇌를 일으키는 것이 무명의 근본이 된다.

9) 의지력·형성력. 또는 맹목적 의지를 가리킴.

10) 인도 악기의 일종. 거문고·가야금 등과 같은 현악기.

11) vedagū(靈魂)란 말은 팔리어 장경에서 '지혜를 완

성한 사람', 또는 '부처(佛)'를 뜻한다. '영혼'의 뜻
으로 쓰인 것은 '밀린다왕문경'뿐이다.

12) 모든 심리작용은 아트만이란 한 개의 인격주체(人
格主體)의 여러 양상이 아니라 따로따로 독립된 것
이다. 뒷날 설일체유부(說一切有部)의 교리에 의하
면, 모든 심리작용을 독립된 실체(實體)로 생각하였
다. 그러나 그것들을 실제로 정신현상 속에서 개별
적으로 끌어내 보일 수는 없다.

13) 안(眼)·이(耳)·비(鼻)·설(舌)·신(身) 등의 다
섯 가지 감각기관의 대상에 대한 대응관계.

14) 나가세나는 불교의 일반적 교설에 따라 지혜
(paññā, 智慧)란 단지 객관적 대상을 아는 정신작용
이 아니라, 안다는 것이 동시에 대상을 지배하는
것이다. 지혜의 활동에 의하여 미망의 생존 양상인
윤회를 끊고 번뇌를 없애는 것이다. 지혜는 궁극적
인 것이다. 불교에서는 분별해서 아는 지혜(vijña)
〔앎(Jña)〕는 완전치 못하기 때문에 절대 완전한
지혜로서의 반야(般若)를 강조하는 것이다.

15) 대전제(大前提)에서 두 개의 가언적(假言的) 명제

를 세우고, 소전제(小前提)에서 이것을 선언적(選言
的)으로 승인하거나 부인하는 형식을 취하는 삼단
논법. 딜레마(dilemma).

16) 부처님의 열 가지 호칭의 하나. 범어 Tathāgata, 한역
은 다타아가타(多陀阿伽陀)·다타아가도(多陀阿伽
度)·달타벽다(怛他蘗多)라 음역(音譯)함. 여래(如
來)·응공(應共)·정변지(正徧知)·명행족(明行足)
·선서(善逝)·세간해(世間解)·무상사(無上士)·
조어장부(調御丈夫)·천인사(天人師)·불세존(佛世
尊)을 여래십호라 함.

17) Maitreiya, 미륵. 고타마 붓다(釋尊)에 이어 이 세상
에 출현할 것으로 믿고 있는 미래의 부처님.

18) Devadatta. 수파붓다(Suppabuddha)의 아들로, 부처
님이 왕자일 때 왕자비 야소다라(Yasodharā)와 남매
간. 즉 부처님의 처남이라 하기도 하고(Mahāvaṃsa,
Ⅱ, 22; Dhp.A., Ⅲ, p. 44), 또 아난다(Ānanda)와 형
제간이라고도 한다. 그가 라자그리하(王舍城)의 영
취산(靈鷲山) 꼭대기에서 바위를 부처님께 밀어 던
졌는데, 부처님은 요행히 죽음을 면하고, 겨우 발

끝을 상할 정도로 그쳤다는 유명한 사건이 있다.
지금 산꼭대기에 이르는 빔비사라 길은 이 사건에
관한 곳으로 순례자들의 발걸음을 멈추게 한다. 리
스 데이빗(Rhys Daivids Ⅰ, p. 162 note)은 예수 그
리스도를 배반한 이스카리오데의 유다에 비유했다.
19) 세존의 가르침이 성어(聖語)로서 최초로 엮어진 아
    홉 가지 유형. ① 계경(契經) ② 중송(重頌) ③ 수기
    (授記) ④ 게송(偈頌) ⑤ 감흥어(感興語) ⑥ 여시어
    (如是語) ⑦ 본생담(本生譚) ⑧ 미증유법(未曾有法)
    ⑨ 방광(方廣).

해 설

-현대인과 밀린다왕문경-

대론서(對論書)

이 경전은 팔리어 성전에 속한다. 성전이라 하면 경으로 생각되는데 이 성전은 경이 아니라 대론서이다. 한역의 나선비구경은 팔리어본의 아주 오래된 것과 거의 일치하는데, 그 제명이 경으로 된 것은 한문으로 번역한 역자가 불교에 관한 것이므로 붙였을 것이다. 스리랑카 불교에서는 이 밀린다왕문경을 장외전적(藏外典籍)으로 취급하고 있다. 장외라는 것은 경·율·론의 삼장에 들어가지 않음을 말한다. 그러나 미얀마 불교에서는 경장(經藏)의 소부경전 속에 수록했으며 대단히 존중되고 있다.

이같이 밀린다왕문경이 삼장 중에 포함되든 포함되지 않든간에 성전으로서의 가치를 지니고 있음은 부인할 수 없다. 이 성전은 기원전 150년경, 서북인도를 지배한 그리스 왕 메난드로스(인도명은 밀린다)와 불교경전에 정통한 학승 나가세나 사이에 오고 간 대론서라는 점에서 당시의 동서 사회의 가치관이나 종교관을 비교 연구하는 데 있어서는 뺄 수 없는 자료로서의 가치를 갖는 것이다.

여기 나오는 그리스 왕 메난드로스는 인도를 정복한 정복자로서가 아니라, 당시 유럽을

석권한 그리스의 지성을 대표한 지성인의 입장에 있었기 때문에, 동과 서의 예지가 역사상 처음으로 교류한 점에서 더욱 그 가치가 높이 평가되고 있다.

현대인을 위한 불교 입문서

《밀린다왕문경》은 다른 불교경전과 성격이 크게 다르다. 그것은 불교에 관한 지식이 전혀 없고, 더구나 인도 문화권과는 전혀 다른 헬레니즘 문화권에서 자란 그리스 왕이 불교 학승을 향해 예리한 질문을 되풀이하며 불교를 이해하려 애쓰고 있기 때문이다.

이 같은 그리스의 왕 메난드로스의 불교에 대한 이해와 노력은 흔히 "불교는 대단히 이해하기 어렵다. 그럼에도 불구하고 사람들은 어쩐지 불교를 알고 싶어하고 불교의 본질을 파

악하고 싶어한다. 그러나 현실의 불교교단을
보면, 여러 점에서 우리들의 생활로부터 떨어
져 있으며, 자진해서 이해할 수 있는 설명을
불교인들에게서 구해도 충분히 설명해 주지
못하는 것이 현실이다"라고 하는 말을 근래에
자주 듣는 일과는 대조적이다.
  꼭같은 현상이 이미 기원전 2세기 후반 그리
스인 메난드로스왕 시대에도 있었다는 것은
공감을 불러일으킨다.《밀린다왕문경》을 읽어
가면 질문의 하나하나가 조금도 낡았다는 느
낌을 주지 않고, 지금 자기가 질문하여 의문을
풀고 싶다고 생각한 문제들이 바로 메난드로
스왕에 의해 던져지고 있다. 그래서 나가세나
장로의 해답도 우리들의 심금을 울리고 있다.
풍부하고 구체적인 사례를 들어 설명하는 방
식은 인도 일반의 특색이지만, 유식한 학승이
알기 어려운 불교 교리를 아주 쉽게 해명하려

고 하는 자세에 호감이 간다.

다만 2천여 년이 지난 오늘에 와서는 나가세나의 해답에 초자연적인 비유도 있고, 또 우리들의 지성으로 수긍할 수 없는 설명도 있을 것이다. 그것은 시대의 차이에서 오는 것일 뿐 핵심적인 상이점은 없다고 보아야 할 것이다.

왕자론(王者論)과 현자론(賢者論)

밀린다왕은 나가세나 장로와 대론함에 있어 현자론에 근거하는 입장을 지켰다. 여기에서는 불교가 그리스인에게도 개방된 종교였다는 사실이 전제되어야 한다.

인도는 계급제도를 고수하는 나라이므로, 외국인은 모두 오랑캐로 취급되어 아우트·카스트(인도의 사성계급 이외의 계급)에 속한다는 생각이 지배적이었고 현재까지도 그렇다. 따라서

외국인인 그리스인은 종교나 종교관이 다르다
고 해서, 인도인으로부터 천민계급으로 취급되
었다. 그래서 오랑캐로 취급받는 그리스인이
인도사회와 문화 속으로 뛰어 들어가기 위해
서는 아무래도 바라문교 이외의 종교에 의존
하지 않을 수 없게 된다.

　이러한 때 불교는 모든 사람에게 개방된 종
교이므로 그리스인에게는 안성맞춤이 아닐 수
없다. 불교 교조(敎祖)인 부처님부터가 계급제
도를 타파할 것을 말했다. 사성계급(四姓階級)
을 타파하고 모든 사람이 혈통이나 출신에 의
해 귀하고 천함이 결정되는 것이 아니고 만민
은 평등하며, 각자의 행위가 귀하고 천함의 기
준이 된다고 가르쳤다. 그러므로 불교가 그리
스인에게 합리적인 가르침으로 환영 받았으리
라는 것은 더 말할 나위도 없다.

　그리스인 뿐만 아니라 그 뒤 인도에 침입한

여러 민족 가운데는 불교를 보호하고 불교신
자가 된 예가 많다. 밀린다왕과 나가세나 장로
사이에 대론의 근거를 고찰함에 있어 이 같은
사회적·문화적 상황과 교류를 고려하지 않을
수 없다.

메난드로스왕은 제왕의 덕과 위엄을 가지고
통치에 임했던 것 같다. 그는 자기 스스로 정
의를 수호하는 왕임을 표방하고 있었다. 푸르
탈코스가 쓴 그의 전기에 의하면 "그는 정의의
통치자였고 백성들 사이에 신망이 대단히 두
터웠다"고 했다. 그래서 그가 죽었을 때 유골
을 여러 곳으로 나누어 갔고, 또 그를 기념하
는 탑을 세웠다고 한다. 밀린다왕이 제왕의 위
엄을 가지고 통치했다는 것은 《밀린다왕문
경》 첫 편에 그것을 입증하는 문답이 있다. 이
문답은 대화를 성립시키는 기반을 밝혀 준다.

"대왕이여, 만일 그대가 현자로서 대론한다

면 나는 그대와 대론할 것입니다. 그러나 만일 그대가 왕자로서 대론한다면 나는 그대와 대론하지 않을 것입니다."고 대론의 입장을 밝혔다. 결국 정치적 압력이나 제왕의 위엄을 가지고 문답한다면, 자기는 대론에 응하지 않겠다고 나가세나 장로는 거절한다.

장로는 언론의 자유와 진리탐구의 기치를 들어 양자가 대등하게 대론하는 현자의 자세를 제시하고, 이 현자의 자세에 대론의 기반이 있다고 못박은 것이다.

다른 불교문헌에서 찾아볼 수 없는 생활 사실

밀린다왕은 불교교단이나 교리에 관하여 자기가 의문으로 삼고 있는 점을 솔직하게 물었다. 예를 들면 다음과 같은 대론이 있다.

불교의 출가자는 고행자라고 왕은 생각하고 있었는데 그 생각은 잘못이다. 부처님은 고행주의를 배제했기 때문이다. 그러나 불교 출가자들의 풍채를 보면 인도 일반의 종교적 관습에 따르고 있었으므로, 그리스인 왕의 눈에도 출가자라면 불교뿐 아니라 어느 종교의 출가자도 고행자로 보였을 것이다.

불교의 출가자는 고행자가 아니고 두타행(頭陀行)을 지킨다. 그들은 부처님 이래 나무 밑에서 명상을 한다든가, 탁발로 얻은 음식만을 먹는다든가 하는 열두 가지 두타행을 엄수한다. 이 두타행은 고행에 가까운 실천법이었다.

이 같은 출가자의 생활은 인도 종교의 어느 출가자에 있어서도 실행되고 있었으므로, 그리스인 왕 쪽에서 보면 불교의 두타행자는 고행자로 보였을 것이다. 밀린다왕은 또 "불교의 출가자는 고행을 실천하여 깨달음을 얻지만,

한편 고행을 실천하지 않고 깨달음을 얻은 재가신자도 있지 않은가. 그렇다면 무엇 때문에 출가자가 되어 고행을 실천할 필요가 있겠는가"고 급소를 찔렀다.

이런 점에서 그리스인 메난드로스왕은 당시의 불교교단이나 불교도의 생활을 관찰해서 알고 있었다고 볼 수 있다.

인도불교에 대한 그리스인의 이 같은 관찰은, 다른 불교문헌에는 기술되어 있지 않다. 또 당시의 출가자의 생활 실태를 구체적으로 말한 문헌도 별로 없다. 그러므로 불교교단에서 출가와 재가의 실정은 일반적으로 깨달음을 펴는 사람은 출가자 뿐이고, 재가신자는 스님의 설법을 들으며 깨달음을 펴지 않더라도 사후 좋은 세상에 태어나기를 기도하면 된다는 생각이 지배적이었다.

그러나 대승불교 시대로 들어오면 재가신자

도 부처와 똑같은 깨달음을 얻을 수 있다고 강조하게 되었다. 그러나 대승불교 이전에 재가 신자들은 어떠한 생활을 했으며, 어떠한 이상을 가지고 그 이상을 어떻게 실현하고 있었는지, 다른 경전에는 별로 나타나 있지 않다. 이같이 감추어진 사항이 이 《밀린다왕문경》에 드러나 있다.

저작의 시기와 대승불교의 흥기(興起)

어떤 학자는 기원전 150년의 두 사람의 문답이므로 그 당시는 기록되지 않았을 것으로 보기도 한다. 일반적으로 인도에서 문헌이 문자로 기록되기 시작한 것은 기원 전후라는 견해가 지배적이기 때문이다.

그렇다면 교단 관계의 일반 지식인들은 그 두 사람의 문답을 기억 속에 간직했을 것이다.

그러나 시대가 흐름에 따라 기억은 희미해지므로, 기록에 남겨 놓으려고 한 것은 백 년이 훨씬 지난 때가 된다. 그렇다면 기원전 50년경이 된다. 그리스인이 인도로부터 자취를 감춘 것은 기원전 80년에서 기원에 이르는 사이이다.

그리스 문화가 실제로 인도에 꽃을 피운 것은 백 년 뒤의 일이다. 그러므로 그리스풍의 불교미술, 소위 간다라미술이 나온 것은 서기 전후경부터이다. 대개 그러한 풍조 속에서 《밀린다왕문경》이 쓰여졌음에 틀림없다.

또 어떤 학자는, 처음에는 그리스 식민지인 서북인도에서 엮어지고, 그것이 동쪽 마가다 지방으로 전해져 팔리어로 쓰여진 다음, 다시 깎이고 더해져서 스리랑카에 전해지고, 곧 미얀마와 타이 등으로 전해졌다고 말한다.

또 다른 학자는, 이 성전의 오래된 부분은

혼합 산스크리트어로 쓰여진 것으로 미루어 보아 그 성립을 기원전 1세기 내지 기원후 1세기로 잡고 있다.

서기를 전후한 때는 곧 대승불교가 흥기한 시대이다. 이 시대는 고고학적 유품·미술품·비명(碑銘) 그 밖의 문헌을 근거로 구명한다고 하더라도 상당한 곤란이 따른다.

또 이 시대의 전통불교의 여러 파에 대한 연구도 복잡한 점이 아주 많다. 이러한 사정에서 볼 때, 이《밀린다왕문경》은 유력한 근거 문헌으로 당시의 여러 가지 양상을 잘 밝혀준다고 하겠다. 대승불교가 일어났다고 하여 전통적 보수적 불교가 어디론가 사라진 것이 아니라 인도 안에 공존하고 있었으며, 그러한 시기의 전통불교의 여러 교파의 사정과 교단 계율들이《밀린다왕문경》을 통해서 분명해졌다.

따라서 초기 대승불교와 전통불교 사이에

가로 놓였던 문제가 어떤 것인가를 아는 데에
도 이경은 도움을 준다.

이 경의 특색

본서의 특색을 부처님께서 입멸하신 뒤 교
단의 소원을 알아볼 수 있는 다음의 두 가지
점에서 지적하고 싶다.

첫째는 부처님께서 입멸하신 후, 불교교단을
어떻게 지켜 후세에 전하며, 그럼으로써 부처
님의 가르침을 길이 전할 것인가가 중대한 문
제였으며, 이에 대한 소원이 얼마나 강렬했는
가를 이 경에서 쉽게 엿볼 수 있다.

역사적 실재 인물로 우리에게 가르침을 베
푼 부처님이 기원 전후의 시대에 와서는 손이
닿지 않는 절대자로 신격화된 존재가 되었다.
신격화되고 절대화된 부처님께 귀의해서 그의

가르침을 실천하며 교단을 지켜 나가려는 것이었으므로, 굳은 신념과 결의가 없어서는 안되었다. 따라서 출가자의 지위가 강조된다. 그리하여 출가자 우위의 관념이 《밀린다왕문경》을 일관하고 있다.

출가자 우위를 강조하면서도 출가자에 대하여 출가자로서의 자각을 재촉하고, 교단을 지키는 재가신자에 대해서는 출가자를 보호하여 실천수행을 도우면서 그들도 출가자와 동일한 깨달음의 경지에 이를 수 있음을 가르치고 있다. 그러므로 출가자 우위라 하여 출가자만이 위대하며, 또 깨달음의 경지에도 출가자만이 이를 수 있다고는 하지 않는다.

교단을 지킨다는 것은 부처님의 교법대로 실천한다는 의미에서 출가자가 우위에 있어야 한다. 그러나 출가자를 그 같은 우위에 있게 하는 지지자들은 재가 불교신자들이며, 그 신자들은 출가자와 동일한 깨달음의 경지에 이를 수 있다. 요컨대 출가자는 출가자로서 생활하고, 재가신자는 재가신자로서의 일상 생활을 하면서, 똑같은 궁극의 목적에 이를 수 있다고 《밀린다왕문경》은 가르친다.

그런데 대개 경전은 출가자만을 위하여 말하고 재가신자는 출가자에게 보시하고 예배 공양만 하면 된다고 가르치는 것이 보통이다. 그러나 이 성전은 출가자 우위를 표면에 내세우지만 재가신자도 출가 수행자와 같이 궁극의 목적에 이를 수 있다는 점에서는 조금도 구별하지 않고 있다.

또 이 성전은 상좌부(上座部) 불교 교파가 부처님의 입멸 후 어떻게 불교교단을 지키고, 부처님의 가르침을 후세에 길이 전할 것인가 하는, 높은 이념과 비원(悲願)을 들고 있다.

둘째는 당시 불교교단 안에서 여러 가지로

해석되고 있던 중요한 교리들, 이를테면 심리론(心理論), 선악업보론(善惡業報論), 윤회론(輪廻論), 해탈(解脫)·열반론(涅槃論), 수도론(修道論), 아라한론(阿羅漢論), 불신론(佛身論), 재가자론(在家者論) 등이 이 성전에 모두 언급되어 있다. 따라서 이 성전을 통하여 서기 전후의 불교교단의 교리 해석을 알 수 있다.

그런데 북전불교(北傳佛敎)의 아비달마(阿毘達磨) 등 논서에서는 심리론이나 수도론 같은 교리가 아주 난해하게 풀이되어서 초보자는 쉽게 이해할 수 없을 정도로 복잡하다. 물론 그 논서가 어려운 한문으로 번역되어 우리에게 전해지고 있는 점을 간과해서는 안 되겠지만, 이 성전의 대론에서는 날카로운 질문과 간명한 해답에 의해 아주 선명하게 문제점이 해명되어진다. 현대의 우리들에게는 아비달마의 난삽한 논서를 읽기보다는 밀린다왕과 나가세

나 장로의 대화를 읽는 편이 불교를 이해하는
지름길이다.

우리들의 의문을 소중히 하자

우리는 어릴 적부터 서구적인 교양을 몸에
익혀 왔으므로, 그리스인 왕의 질문이 실은 우
리들 자신의 질문인 것처럼 느껴지는 점이 많
다. 가령 부처님은 아라한의 깨달음에 이르러
부처가 되었다. 일반 수행자도 부처님과 똑같
은 깨달음을 얻으면 아라한이라 부른다.
그렇다면 아라한이라든가 부처님은 심신이
모든 속박에서 벗어나 자유롭고 걸림이 없는
궁극의 경지를 지니고 있으므로, 보통 사람들
처럼 질병으로 인한 고통이나 상해(傷害)에 의
한 고통은 없느냐고 밀린다왕은 솔직하게 질
문하고 있다.

　이는 우리들도 똑같은 질문을 하고 싶은 문제이다. 신격화되고 절대화된 부처님에 대하여 밀린다왕은 "부처님도 원래는 인간이 아닌가" 하는 의식에서, 당시 교단이 품고 있는 불타관에 예리한 시각으로 의문점을 해명하려고 한 것이다.

　나가세나 장로는 밀린다왕의 질문에 대해 당시 교단이 하는 정통적 해석과 설명으로 답변한다. 그러나 그것으로는 부족했으므로 밀린다왕이 이해할 수 있는 해답을 고안하기 위해 아주 고심한다. 우리는 장로가 고심하는 모습을 두 사람의 대화를 통해 엿볼 수 있다.

　오늘날 불교인들은 일반 사람들로부터 질문을 받고도 고심할 줄 모른다. 고심은커녕 도리어 빠져 나갈 길을 생각하는 사람도 있다. 또 "그런 것은 경전에 없다"는 식으로 피해 버린다. 실은 그들의 소박한 질문이 근본적인 문제를 포함하고 있으므로, 불교인들은 상대방의 질문을 자기 자신의 문제로 받아들여 그와 함께 해답해 가는 나가세나 존자와 같은 그러한 태도를 가져야 할 것이다. 여기에 불교의 실천적 성격이 있기 때문이다.

옛날 큰스님들은 모두 그렇게 노력해온 것이다. 오늘날 불교인들은 선인이 남긴 문헌에만 의지할 뿐 자기 자신의 해답을 얻으려고 하지 않는다. 역시 불교는 그 시대의 산 현실에 대한 해답을 항상 지녀야 한다. 그 문제와 해답들이 총집되면 불교문헌이 되어 불교를 새로운 시대에 전한다.

작은경전⑯

밀린다왕문경

제1판 1쇄 발행 / 2002년　5월　30일
제1판 3쇄 발행 / 2014년　10월　30일

옮긴이 / 서경수

펴낸이 / 윤재승
편집 · 교정 / 김창현 · 홍란영
펴낸곳 / 도서출판 민족사

등록 / 1980년　5월　9일(등록 제1-149호)
주소 / 서울시 종로구 삼봉로 81 두산위브파빌리온 1131호
전화 / (02) 732-2403~4 팩스 / (02) 739-7565
E-mail / minjoksabook@naver.com

ISBN 978-89-7009-826-5 04220
ISBN 978-89-7009-810-4 (세트)

값 4,000원